Rezepte

Gerichte mit Linsen-, Erbsen-, Kichererbsen- und Sojanudeln

Gerichte mit Shiratakinudeln

Gerichte mit Algennudeln

Gerichte mit selbst gemachten Nudeln

Gerichte mit Nudeln auf Gemüsebasis

Pastagenuss à la Low-Carb

Keine Frage – Nudeln in allen erdenklichen Variationen sind in deutschen Landen und auch darüber hinaus sehr beliebt. Nudelgerichte sind meist einfach und schnell zubereitet und zudem recht preiswert. Allerdings enthalten sie auch eine Menge Kohlenhydrate, die den Stoffwechsel gehörig aus dem Lot bringen können. Auch wenn Nudeln – vor allem, wenn sie aus Hartweizengrieß und »al dente« zubereitet sind – nicht grundsätzlich ein Tabu in der Low-Carb-Ernährung sind, mehr als eine Statistenrolle nehmen sie dabei nicht ein. Also adieu Spaghetti Bolognese, Nudelpfanne oder Lasagne?

Keineswegs! Denn das Angebot an schmackhaften Low-Carb-Nudeln wächst, und auch Nudelalternativen aus Gemüse liegen voll im Trend. Damit finden klassische und moderne Nudelgerichte auch bei einer Low-Carb-Ernährung wieder regelmäßig ihren Platz auf dem Teller und sorgen für Abwechslung und geschmackliche Vielfalt. Bevor es zu den Rezepten geht und Sie mit Ihrer ganz persönlichen Low-Carb-Nudelparty loslegen können, erwartet Sie noch ein kompaktes Informationspaket zu den verschiedenen Low-Carb-Nudeln und weiteren kohlenhydratbewussten Nudelalternativen. Machen Sie sich schlau und genießen Sie »pastaliziös« und dennoch Low-Carb.

Low-Carb-Nudeln – die gesündere Alternative für den Pastagenuss

Herkömmliche Nudeln mit ihrem hohen Gehalt an Kohlenhydraten – in diesem Fall Stärke – und gleichzeitig vergleichsweise wenigen Nährstoffen gehören zu den Lebensmitteln, die unseren Stoffwechsel ungünstig beeinflussen, vor allem, wenn sie regelmäßig und in größeren Mengen gegessen werden. Dann ist nämlich jedes Mal eine gehörige Portion Insulin vonnöten, damit der angestiegene Blutzucker wieder auf ein normales Niveau sinkt.

Hinzu kommt, dass Nudeln aus Weizenmehl und auch alle weiteren, die aus Mehl von einheimischen Getreidesorten hergestellt werden, Gluten enthalten, das für zahlreiche negative Auswirkungen auf die Gesundheit verantwortlich gemacht wird. Neben der entzündlichen Autoimmunerkrankung Zöliakie wird auch die Entstehung weiterer Autoimmunerkrankungen mit Gluten in Verbindung gebracht. Zudem gilt inzwischen ein Drittel aller Menschen als glutensensitiv, d. h. die betroffenen Personen reagieren auf den Verzehr von Gluten mit Darmbeschwerden, die mit denen eines Reizdarmsyndroms vergleichbar sind.

Zwei gute Gründe, sich für Low-Carb-Nudeln zu entscheiden, sofern man nicht grundsätzlich auf Pastagerichte verzichten möchte. Die verschiedenen Low-Carb-Nudeln weisen im Vergleich zu den »normalen« Kameraden einen mäßig bis deutlich geringeren Kohlenhydratanteil auf, sättigen gut und sind glutenfrei. Nudeln auf Basis von Hülsenfrüchten kommen dabei in punkto Kohlenhydrate wesentlich dichter ans Original heran als Algennudeln, solche aus dem Mehl der Konjakwurzel oder Gemüsenudeln. Ab Seite 10 finden Sie Details zu den kohlenhydratbewussteren Nudelalternativen. Informationen zur Zubereitung und zu den Nährwerten sind ab Seite 18 zusammengestellt.

Low-Carb

Low-Carb (aus dem Englischen: low = niedrig; carb = Abkürzung von carbohydrates = Kohlenhydrate) ist eine Ernährungsweise, bei der bewusst weniger Kohlenhydrate gegessen werden. Und das aus gutem Grund: Zu viele Kohlenhydrate machen nachweislich hungrig, dick und auf Dauer auch krank.

Kohlenhydrathaltige Lebensmittel lassen unseren Blutzucker ansteigen. Das ruft das Hormon Insulin auf den Plan. Es wird benötigt, damit der Zucker aus dem Blut in die Zellen gelangen kann und der Blutzuckerspiegel wieder in den Normalbereich gelangt. Je mehr Kohlenhydrate wir essen und je schneller der Blutzuckerspiegel ansteigt (etwa nach einer üppigen Nudelportion, belegten Brötchen oder Süßigkeiten), umso mehr Insulin wird benötigt, um den Blutzucker wieder auf sein normales Niveau zu senken. Fällt der Blutzuckerspiegel aufgrund großer Insulinmengen entsprechend rasch nach unten, entsteht schnell ein unangenehmes Heißhungergefühl. Der Griff zu weiteren kohlenhydrathaltigen Speisen verspricht Abhilfe. Doch damit setzt sich die Spirale aus Blutzuckeranstieg und nachfolgender Insulinausschüttung erneut in Gang. Auf diese Weise kommen schnell mehr Kalorien zusammen, als verbraucht werden – besonders dann, wenn es an Bewegung mangelt. Die überflüssige Energie wird in Form von Fett gespeichert und lässt die »Rettungsringe« wachsen. Leider wird man die mit einer kohlenhydratbetonten Ernährung auch so schnell nicht wieder los: Denn hohe Insulinspiegel fördern nicht nur die Speicherung von Fett, sondern hemmen auch seine Verbrennung.

Mit einer Reduzierung der Kohlenhydrate lässt sich dieser Kreislauf wirkungsvoll durchbrechen und es gelingt ganz einfach, sein Gewicht nachhaltig zu reduzieren und/oder zu stabilisieren. Abnehmen wirkt sich günstig auf den Stoffwechsel aus. Aber – und das zeichnet die Low-Carb-Ernährung besonders aus – auch ganz ohne Gewichtsverlust verbessern sich Blutwerte wie Cholesterin, Triglyceride, Harnsäure, Entzündungsmarker und auch der Blutdruck. Optimale Voraussetzungen, um Zivilisationskrankheiten wie Typ-2-Diabetes, Erkrankungen des Herz-Kreislauf-Systems, einer Fettleber oder Gicht wirkungsvoll zu begegnen.

Low-Carb → LOGI

Mit einer täglichen Kohlenhydratmenge von 80 bis 130 Gramm ist die wissenschaftlich fundierte LOGI-Methode eine moderate, äußerst flexible und praxistaugliche Variante der Low-Carb-Ernährung. Die Abkürzung LOGI stammt ebenfalls aus dem Englischen (»**LO**w **G**lycemic and **I**nsulinemic Diet«) und steht für eine Ernährung, die niedrige Blutzuckerspiegel und eine geringe Insulinausschüttung fördert. Anstelle von Kohlenhydraten stehen ballaststoff- und wasserreiche Nahrungsmittel, Eiweiß und gesunde Fette im Mittelpunkt, aus denen abwechslungsreiche und schmackhafte Mahlzeiten entstehen. Sie sorgen für eine gute und lang anhaltende Sättigung, eine optimale Versorgung mit allem, was der Organismus braucht und tun dem Stoffwechsel in vielfältiger Weise gut.

Die LOGI-Pyramide

Dank der LOGI-Pyramide ist die Umsetzung der LOGI-Ernährung kinderleicht. Sie unterstützt Sie bei Ihrer täglichen Lebensmittelauswahl.

Die Basis der LOGI-Ernährung bilden Gemüse, Salate und Pilze sowie vorwiegend zuckerarme Früchte wie etwa Beeren. Hinzu kommen hochwertige Fette und Öle (z.B. Rapsöl, Olivenöl, Butter, Leinöl). Sie sind Lieferanten wertvoller Fettsäuren, Transporteure fettlöslicher Vitamine und vor allem auch Geschmacksträger. Fleisch, Geflügel und Fisch sowie Milch und Milchprodukte sorgen für eine gute Eiweißversorgung. Auch Nüsse und Hülsenfrüchte sind bestens mit LOGI vereinbar.

Bei Brot und Backwaren sollte die Vollkornvariante bevorzugt werden. Aufgrund des Ballaststoffgehalts steigt der Blutzucker etwas langsamer an und die Sättigung ist besser als bei der »leeren« Weißmehlvariante. Aber Achtung: Hier ist die Menge entscheidend! Pro Tag sollten es nicht mehr als ein bis zwei Scheiben Vollkornbrot oder eine kleine Portion Backwaren sein. Kleine Portionen: Das gilt auch für Kartoffeln oder Nudeln (al dente!). Baguette, Toast, Weißbrot, Backwaren, Süßigkeiten oder gesüßte Getränke sind zwar nicht grundsätzlich verboten, sollten aber eher selten verzehrt werden, weil sie den Blutzucker schnell in die Höhe treiben.

Mit der LOGI-Low-Carb-Ernährung verhindern Sie starke Blutzuckeranstiege und -schwankungen und entsprechend hohe Insulinausschüttungen. Auf diese Weise unterstützen Sie Ihren Stoffwechsel optimal – für mehr Wohlbefinden, Leistungsfähigkeit und Gesundheit.

Noch mehr Informationen finden Sie im Internet auf www.logi-aktuell.de.

Ein Beitrag der systemed-Redaktion

Und was ist mit Dinkel- oder Vollkornnudeln?

Viele denken, dass Dinkel- oder Vollkornnudeln ebenfalls Low-Carb sind. Ihr Kohlenhydratgehalt unterscheidet sich jedoch nicht oder kaum von dem heller Nudelsorten (handelsübliche Dinkelnudeln haben einen Kohlenhydratgehalt von 71 Gramm pro 100 Gramm Rohware, Vollkornnudeln von 66 Gramm pro 100 Gramm Rohware), und sie sind auch nicht glutenfrei. Auch der Eiweißgehalt bewegt sich im selben Bereich. Vollkornnudeln haben einen etwas höheren Ballaststoffanteil, wodurch der Blutzucker möglicherweise etwas moderater ansteigt. Der glykämische Index liegt aber sogar ein paar Punkte über dem von al dente zubereiteten Spaghetti, die meist bekömmlicher sind. Tabu sind sie im Rahmen einer Low-Carb-Ernährung nicht. Sie sollten aber eher selten und wenn, dann in kleinen Portionen auf den Tisch kommen.

Mit dem Rezept für selbst gemachte Dinkelnudeln, das der Vollständigkeit halber vorgestellt wird, kommen Sie bei einem Portionsgewicht von 75 Gramm auf etwa 40 Gramm Kohlenhydrate und liegen damit kohlenhydrattechnisch im Bereich von Linsennudeln, die von allen hier vorgestellten Nudelprodukten den höchsten Kohlenhydratanteil haben.

Selbst gemachte Dinkelnudeln

Für gute 6 Portionen
Gesamte Zubereitungsdauer: 90 Minuten

- **350 g Dinkelmehl Type 630**
- **135 g Wasser**

1 Portion (ca. 75 g Rohgewicht): 200 kcal, 7,2 g Eiweiß (14,7 E%), 0,8 g Fett (3,4E%), 40,2 g Kohlenhydrate (81,9 E%)

01 Für einen Dinkelnudelgrundteig das Mehl und das Wasser in der Küchenmaschine oder mit dem Handmixer für etwa 10–15 Minuten zu einem geschmeidigen Teig verarbeiten. Diesen danach in Frischhaltefolie packen und 30 Minuten ruhen lassen. Bitte nicht in den Kühlschrank stellen!

02 Zur Weiterverarbeitung den Teig ausrollen und in die gewünschte Form schneiden.

03 Anschließend die Nudeln etwa 1–2 Minuten in kochendem Salzwasser garen.

Low-Carb-Nudelallerlei

Nudeln auf Basis von Hülsenfrüchten

Linsen-, Erbsen- und Kichererbsennudeln

Diese Nudeln werden aus dem Mehl von Hülsenfrüchten hergestellt. Qualitativ hochwertige Produkte zeichnen sich dadurch aus, dass sie neben der entsprechenden Hülsenfrucht und Wasser keine weiteren Inhaltsstoffe enthalten. Dank einer schonenden Verarbeitung des jeweiligen Rohstoffs – die zu Mehl vermahlenen Hülsenfrüchte werden bei niedrigen Temperaturen getrocknet und mit etwas Wasser zu einem Teig verarbeitet – bleiben die Inhaltsstoffe weitestgehend erhalten.

Damit bringen Nudeln aus Linsen-, Erbsen- und Kichererbsenmehl alle Vorteile mit sich, die auch das Original auszeichnen: einen hohen Eiweißanteil, reichlich Ballaststoffe sowie Vitamine, Mineralstoffe und Spurenelemente. Allerdings bleiben auf diese Weise auch blähende Substanzen oder sogenannte Antinährstoffe erhalten, die während der sehr kurzen Kochzeiten auch nicht reduziert oder deaktiviert werden. Wer diesbezüglich sensibel reagiert, sollte besser auf Shiratakinudeln, Algennudeln oder Gemüsenudeln ausweichen.

Nudeln aus Mehlen von Hülsenfrüchten haben von allen Low-Carb-Nudeln den höchsten Kohlenhydratanteil (41 bis 57 Gramm Kohlenhydrate pro 100 Gramm Rohware), der zum Teil – vor allem bei Linsennudeln mit 57 Gramm Kohlenhydraten pro 100 Gramm – schon recht nah an den

herkömmlicher Nudeln auf Getreidebasis herankommt (ca. 70 bis 75 Gramm Kohlenhydrate pro 100 Gramm Rohware). Sie sind also genau genommen nicht Low-Carb, aber durchaus etwas »Low-Carber« als herkömmliche Nudeln, vor allem, wenn Sie sinnvoll kombiniert werden. Was sie für die Low-Carb-Küche zudem interessant macht, ist Ihr vergleichsweise hoher Eiweiß- und Ballaststoffanteil, der zu einer guten Sättigung beiträgt und schnelle Blutzuckeranstiege und Blutzuckerschwankungen verhindert. Für eine ketogene Ernährung sind sie nicht geeignet. Und auch für so manch anderen rücken eher Shirataki- oder Algennudeln in den Vordergrund, weil Hülsenfruchtnudeln nicht in den individuellen Low-Carb-Plan passen.

Generell sind Linsen-, Erbsen- und Kichererbsennudeln glutenfrei. Herstellungsbedingt können jedoch Spuren von Gluten enthalten sein. Bitte beachten Sie dazu die entsprechenden Hinweise auf der Verpackung. Mit dem Kauf von Bioware gehen Sie einer möglichen Pestizidbelastung aus dem Weg. Von ihrer Konsistenz her sind diese Nudeln bissfest, vorausgesetzt die angegebene Kochzeit wird eingehalten. Der jeweilige Eigengeschmack der verwendeten Hülsenfrucht ist geschmacksgebend. Linsen-, Erbsen- und Kichererbsennudeln sind in unterschiedlichen Formen (z. B. als Spaghetti, Spirelli oder Bandnudeln) und Linsennudeln auch in unterschiedlichen Farben (grün, rot oder schwarz) erhältlich. Sie können in Bioläden, gut sortierten Supermärkten oder über das Internet bezogen werden. Die Kosten liegen durchschnittlich bei ein bis zwei Euro pro 100 Gramm Rohgewicht.

Sojanudeln

Sojanudeln werden aus dem Mehl von Sojabohnen hergestellt, das unter Zugabe von Wasser zu einem Nudelteig verarbeitet wird. Sie haben von allen Nudeln, die aus Hülsenfrüchten hergestellt werden, den geringsten Kohlenhydratanteil und den höchsten Eiweißanteil. Wie alle anderen sind sie ebenfalls glutenfrei, sofern sie zu 100 Prozent aus Sojabohnen hergestellt werden. Darauf sollten Sie beim Einkauf unbedingt achten.

Soja – meist kontrovers diskutiert! Bei Soja scheiden sich die Geister. Die einen schwören darauf, weil Soja eine Menge Eiweiß und viele ungesättigte Fette, darunter Omega-3-Fettsäuren liefert, die anderen lehnen den Verzehr von Soja komplett ab, weil sie gesundheitliche Beeinträchtigungen, z.B. hormonelle Störungen, durch die enthaltenen sekundären Pflanzenstoffe oder ein Ungleichgewicht im Omega-Fettsäuren-Haushalt aufgrund des hohen Anteils an Omega-6-Fettsäuren befürchten. Der maßvolle Genuss der asiatischen Hülsenfrucht gilt jedoch als unbedenklich. Der vermeintliche gesundheitliche Nutzen ist nicht eindeutig belegt.

Verschiedene Produkte werden nämlich beispielsweise mit Hartweizengrieß hergestellt, wodurch der Kohlenhydratgehalt steigt und eben auch Gluten enthalten ist.

Bereits nach etwa fünf Minuten Kochzeit sind die Sojanudeln verzehrfertig. Die Konsistenz kommt nicht ganz an die gewöhnlicher Nudeln heran. Sojanudeln sind eher etwas weicher. Geschmacklich haben Sie je nach Herstellungsverfahren einen intensiven Eigengeschmack oder schmecken neutral.

Bei Bioqualität liegen Sie preislich bei etwa 1,30 bis 2,20 Euro für 100 Gramm Rohware.

Konjak- oder Shiratakinudeln

Diese aus Asien stammende Nudelsorte erobert zunehmend den europäischen Markt und wird aufgrund des sehr niedrigen Kohlenhydratgehalts von Low-Carb-Fans sehr geschätzt. Hergestellt werden Shirataki- oder auch Konjaknudeln aus dem Mehl der Konjakwurzel, einem asiatischen Wurzelgemüse. Dieses besteht zu einem Großteil aus Glucomannan, einem löslichen Ballaststoff, der vom menschlichen Organismus nicht verwertet werden kann. Das sorgt u. a. für eine gute und lang anhaltende Sättigung und positive Effekte auf die Verdauung. Beim Verzehr normaler Mengen sind auch keine Blähungen zu erwarten, wie es bei sehr ballaststoffreichen Speisen der Fall sein kann. Daher sollten Sie es nicht übertreiben, auch wenn der sehr niedrige Kohlenhydratgehalt schon verlockend ist. Shiratakinudeln sind glutenfrei und außerdem basisch.

Dem löslichen Ballaststoff Glucomannan werden zahlreiche positive Effekte auf die Gesundheit nachgesagt, etwa eine Senkung des Cholesterins, eine Unterstützung der Gewichtsreduktion oder eine Verbesserung der Insulinresistenz.

Für die Herstellung der Shiratakinudeln wird das Mehl der Konjakwurzel mit Wasser und Calciumhydroxid (ein gesundheitlich unbedenklicher Stabilisator) zu einer geleeartigen Masse verarbeitet, die dann in verschiedene Nudelformen gebracht wird. Mehr als diese drei Komponenten sollten auch nicht auf der Zutatenliste stehen. Wenn Shiratakinudeln Soja- oder Tofubeimischungen enthalten, werden sie als Tofushirataki bezeichnet.

Üblicherweise kommen die Shiratakinudeln eingeschweißt und in einer wässrigen Lösung und praktisch schon gar in den Handel. Das erklärt die kurze Kochzeit von zwei bis drei Minuten. Beim Öffnen der Packung kann einem ein leicht fischartiger Geruch entgegenschlagen, der jedoch beim gründlichen Spülen der Nudeln, das unbedingt erfolgen muss, verfliegt. Geschmacklich ist von Fisch dagegen nichts zu merken.

Shiratakinudeln sind in verschiedenen Ausformungen, z. B. als Spaghetti, Fettuccine oder Penne, erhältlich und lassen sich wie herkömmliche Nudeln einsetzen. Wenn sie nicht zu lange gekocht werden, sind sie auch ähnlich bissfest. Optisch ist der Unterschied allerdings deutlich zu erkennen: Shiratakinudeln sind weißlich bis durchsichtig. Zudem sind sie geschmacksneutral und sollten daher ein wenig in der dazugehörigen Sauce durchziehen, bevor sie serviert werden. Kräftig würzen ist ebenfalls angebracht.

100 Gramm Shiratakinudeln in Bioqualität sind teilweise schon unter einem Euro erhältlich, in der Regel liegt der Preis jedoch bei etwa 1,50 Euro.

Algennudeln

Algennudeln werden aus dem Mehl getrockneter Algen und dann wie herkömmliche Nudeln hergestellt. Beim Einkauf von Algennudeln sollten Sie darauf achten, dass das Produkt entweder nur aus Algenmehl und Ei besteht oder allenfalls ein geringer Anteil an Weizengrieß enthalten ist (Achtung: Kohlenhydratgehalt und Gluten!). Zudem gibt es die Variante, dass Algen, beispielsweise die Alge »Kizami Nori«, die normalerweise für Sushi verwendet wird, in Streifen geschnitten als Nudelersatz verwendet werden.

Algen sind in Asien schon seit Jahrhunderten als Nahrungsmittel bekannt und werden auch bei uns – nicht zuletzt durch den Einzug von Sushi in der Gastronomie und zu Hause – immer beliebter. Sie schmecken lecker und angenehm nach Meer und bringen auch gesundheitliche Vorteile mit, etwa positive Effekte auf den Blutdruck.

Sie sind hervorragende Vitalstofflieferanten: Neben Zink und den Vitaminen A, C, E und B_{12}, können Algen auch bestens zur Versorgung mit Jod beitragen. Dieses Spurenelement ist in unseren Breitengraden eher Mangelware und steckt in größeren Mengen nur in Fisch und Meeresfrüchten. Darüber hinaus sind Algen ballaststoffreich und ihr Eiweißgehalt ist ähnlich hoch wie bei Hülsenfrüchten oder Eiern.

Da Algen höchst unterschiedliche Jodmengen aufweisen können, sollten Sie Produkte wählen, deren Jodgehalt gekennzeichnet ist.

Die Konsistenz unterscheidet sich nicht wirklich von herkömmlichen Nudeln, jedoch riechen die Nudeln nach Meer und der Geschmack ist leicht salzig und ein wenig »fischig«. Der Preis für 100 Gramm liegt bei etwa 2,75 Euro.

Gemüsenudeln

Nudelgerichte anstelle von klassischen Nudeln aus verschiedenen Gemüsesorten zuzubereiten liegt bei Low-Carb-Fans voll im Trend. Schließlich ist Gemüse die Grundlage der LOGI-Low-Carb-Ernährung. Möhren, Zucchini, Kohlrabi und Co. punkten natürlich auch in Nudelform mit einem niedrigen Kohlenhydratgehalt, einer geringen Blutzuckerwirkung und mit reichlich Vitalstoffen.

Und auch geschmacklich haben sie einiges zu bieten. Wer für die Zubereitung von Nudelgerichten beispielsweise zu Zucchini greift, der wird feststellen, dass diese in ihrer Konsistenz gewöhnlichen Spaghetti stark ähneln. Zudem sind sie vergleichsweise geschmacksneutral und können deshalb in vielen verschiedenen Gerichten und mit unterschiedlichsten Saucen zubereitet werden. Dagegen haben Kohlrabi einen etwas intensiveren Eigengeschmack. Sie passen besonders gut zu Fisch und Geflügel. Natürlich kann man die einzelnen Gemüsesorten auch miteinander kombinieren, etwa Möhren mit Zucchini. Vielleicht nicht ganz so üblich ist die Verwendung von Spargel oder Roter Bete für Nudelgerichte. Dennoch sollten Sie auch diese Variationen unbedingt einmal ausprobieren. Es lohnt sich!

Zudeln, Mudeln, Kudeln – in der großen Gemeinde der Gemüsenudelfans weiß fast jeder, was mit diesen Fantasienamen gemeint ist. Als Zudeln werden Gemüsenudeln aus Zucchini bezeichnet, Mudeln sind Möhrennudeln und Kudeln, diejenigen, die aus Kohlrabi hergestellt werden. Ob Nudeln aus Spargel dann Spudeln heißen …?

Für die Herstellung von Gemüsebandnudeln reicht ein einfacher Sparschäler. Für diejenigen, die gerne mehr Abwechslung haben und bei denen Gemüsenudeln häufig auf dem Speiseplan stehen, lohnt sich die Anschaffung eines Spiralschneiders. Diese gibt es von der einfachen Variante, die an einen Bleistiftspitzer erinnert, bis hin zu Schneidegeräten, in die das jeweilige Gemüse »eingespannt« wird und mit einer Kurbel beispielsweise zu dünnen oder dickeren Spaghetti verarbeitet wird.

In den Rezepten werden jeweils 150 Gramm pro Person gerechnet, aber darauf müssen Sie sich keineswegs beschränken. Auch bei 200 bis 300 Gramm Gemüse liegen Sie in punkto Kohlenhydraten noch voll auf Low-Carb-Kurs. Allerdings brauchen Sie dann vermutlich auch ein bisschen mehr Sauce.

Kohlenhydratgehalte im Überblick

Nudelsorte	KH Anteil pro 100 g Rohgewicht
Nudeln aus Hartweizengrieß	ca. 75 g
Dinkelnudeln	ca. 71 g
Eiernudeln	ca. 70 g
Vollkornnudeln	ca. 66 g
Linsennudeln	ca. 57 g
Selbst gemachte Dinkelnudeln	ca. 50 g
Kichererbsennudeln	ca. 44 g
Erbsennudeln	ca. 41 g
Sojanudeln	ca. 36 g
Gemüsenudeln	2–9 g
Algennudeln	ca. 3 g
Shiratakinudeln	0–2,3 g

Das köstliche Drumherum

Natürlich geht es bei allen Nudelgerichten nicht nur um die Nudel oder in diesem Fall die Low-Carb-Nudel, sondern auch um das Drumherum, also die Saucen.

Die bestehen – nach bester LOGI-Low-Carb-Manier – aus Gemüse, Fleisch, Fisch, Eiern, Milchprodukten wie Schmand oder Käse, Nüssen und Samen oder auch Hülsenfrüchten. Und das muss beileibe nicht nur die klassische Tomatensauce, die allseits beliebte Sauce Bolognese oder ein Pesto aus Kräutern, Nüssen oder Samen und Olivenöl sein. Lassen Sie sich überraschen, welche köstlichen Kreationen möglich sind.

Mit einem frischen Salat, der mit einem guten Öl angemacht ist, sorgen Sie zusätzlich für Volumen und eine gute Sättigung. Zudem senken Sie die Energiedichte (Kalorien pro 100 Gramm) und haben noch ein paar wertvolle Nährstoffe mehr auf dem Teller.

Kombinieren Sie nach Lust und Laune

Grundsätzlich können Sie alle Gerichte aus dem Rezeptteil mit Ihren Wunschnudeln zubereiten. Die Beschreibung der Zubereitung bezieht sich auf die jeweils empfohlene Nudelsorte. Bei einem Austausch müssen möglicherweise andere Mengen, Zubereitungsweisen und Garzeiten berücksichtigt werden. Wenn Sie etwa statt Linsennudeln Shiratakinudeln verwenden möchten, reduziert sich die Garzeit um einige Minuten. Auch die einzelnen Gemüsesorten, die für Gemüsenudeln infrage kommen, unterscheiden sich hinsichtlich Vorbereitung und Garzeit.

Das klingt schwieriger als es ist. Schauen Sie ganz einfach in die praktische Übersicht ab Seite 19, welche Nudeln wie lange brauchen und was Sie sonst noch für deren Zubereitung wissen müssen.

Um Ihnen auch bei der Verwendung anderer Nudelsorten eine Einschätzung der Nährwerte zu ermöglichen, finden Sie in der Übersicht auch die Nährwertangaben zu den verschiedenen Nudelalternativen.

Unter den Rezepten selbst stehen sowohl Nährwertangaben für das »Nudelzubehör« (also zu allen Zutaten außer Nudeln) als auch Angaben zum gesamten Gericht mit der empfohlenen Nudelsorte. Tauschen Sie diese gegen eine andere aus, können Sie anhand der Angaben in der Übersicht bei fast allen Rezepten ganz schnell die Nährwerte für eine andere Kombination errechnen:

Nährwerte »Nudelzubehör« + Nährwerte der gewünschten Nudelsorte.

Linsen-, Erbsen-, Kichererbsen- und Sojanudeln

Drei bis vier Liter (man rechnet etwa ein Liter Wasser pro 100 Gramm Nudeln) mit einem Teelöffel Salz pro Liter in einem Topf zum Kochen bringen. Die Nudeln zugeben und für ca. vier bis fünf Minuten kochen. Anschließend in ein Sieb abgießen und abtropfen lassen.

TIPP: Braten Sie die Nudeln unmittelbar nach dem Kochen oder wenn Sie vorübergehend beiseitegestellt wurden in einer heißen Pfanne in zehn Gramm Butter an und schmecken sie mit Salz und Muskat ab. Das ergibt noch eine etwas andere geschmackliche Richtung.

Linsennudeln (Durchschnitt)

Nährwertangaben pro
Portion (75 g Rohgewicht)

- 290 kcal, 21 g Eiweiß, 1,7 g Fett, 42,8 g Kohlenhydrate

Erbsennudeln (Durchschnitt)

Nährwertangaben pro
Portion (75 g Rohgewicht)

- 230 kcal, 17,2 g Eiweiß, 1,1 g Fett, 30,9 g Kohlenhydrate

Kichererbsennudeln (Durchschnitt)

Nährwertangaben pro
Portion (75 g Rohgewicht)

- 250 kcal, 14 g Eiweiß, 4,4 g Fett, 33,2 g Kohlenhydrate

Selbst gemachte Kichererbsennudeln (siehe Rezept Seite 54)

Nährwertangaben pro
Portion (100 g Rohgewicht)

- 290 kcal, 15,3 g Eiweiß, 12,5 g Fett, 28,4 g Kohlenhydrate

Sojanudeln (Durchschnitt)

Nährwertangaben pro
Portion (75 g Rohgewicht)

- 300 kcal, 33,8 g Eiweiß, 5,6 g Fett, 27 g Kohlenhydrate

Die Linsen-, Erbsen- und Kichererbsennudeln verdoppeln ihr Gewicht beim Kochen. Bei Sojanudeln verdreifacht sich das Gewicht in etwa.

Shiratakinudeln (Durchschnitt)

Die Nudeln aus der Verpackung nehmen, gut unter fließendem Wasser abspülen und abtropfen lassen. Anschließend in reichlich Salzwasser zwei bis drei Minuten garen und dann abschütten.

Nährwertangaben pro
Portion (150 g Rohgewicht)

- 15 kcal, 0,2 g Eiweiß, 0 g Fett, 3 g Kohlenhydrate

Bei den Shiratakinudeln verändert sich das Gewicht durch den Kochvorgang nicht.

Algennudeln (Durchschnitt)

Die Meeresalgennudeln knapp mit kaltem Wasser bedecken und ca. acht bis zehn Minuten oder nach Packungsanweisung einweichen. Anschließend gut abbrausen. Danach ca. zwei bis drei Minuten in einem Topf mit Wasser kochen. Achtung: Eine Salzzugabe zum Kochwasser ist in der Regel nicht erforderlich. Anschließend abschütten.

Nährwertangaben pro Portion (50 g Rohgewicht)

- 10 kcal, 0,1 g Eiweiß, 0,3 g Fett, 1,4 g Kohlenhydrate

Algennudeln verdreifachen das Gewicht beim Kochen.

Gemüsenudeln

Spargel schälen und die trockenen Enden abschneiden. Mit einem Sparschäler oder Gemüsehobel vom Kopf her zum Ende in Streifen schneiden. Diese können sowohl in kochendem Salzwasser ein bis zwei Minuten vorblanchiert werden als auch in einer Pfanne mit Öl ein bis zwei Minuten angebraten werden.

Nährwertangaben pro Portion (150 g geputzte Rohware)

- 25 kcal, 2,9 g Eiweiß, 0,2 g Fett, 3,1 g Kohlenhydrate

Zucchini mit einem Spiralschneider oder Gemüsespitzer in Nudelform bringen. Sollten die Kerne dabei übrig bleiben, können diese später für die Nudelsauce mitverwendet werden. Die Zucchininudeln etwa 60 Sekunden lang in kochendem Salzwasser blanchieren oder in einer heißen Pfanne mit etwas Fett zwei bis drei Minuten dünsten.

Nährwertangaben pro Portion (150 g geputzte Rohware)

- 30 kcal, 3 g Eiweiß, 0,4 g Fett, 3,4 g Kohlenhydrate

Kohlrabi küchenfertig vorbereiten und mit einem Spiralschneider, Juliennehobel oder Gemüsespitzer in Form schneiden. Anschließend die Kohlrabistreifen etwa 60 Sekunden lang in kochendem Salzwasser blanchieren oder in einer heißen Pfanne mit etwas Fett zwei bis drei Minuten dünsten.

Nährwertangaben pro Portion (150 g geputzte Rohware)

- 35 kcal, 2,9 g Eiweiß, 0,2 g Fett, 5,6 g Kohlenhydrate

Spaghettikürbis vom Stielansatz befreien und den Kürbis dann ca. 20 bis 25 Minuten in Wasser kochen. Danach halbieren und entkernen und das spaghettiartige Fruchtfleisch mit einer Gabel herausziehen.

Nährwertangaben pro Portion (150 g verzehrbarer Anteil)

- 40 kcal, 1,5 g Eiweiß, 0 g Fett, 9 g Kohlenhydrate

Möhren abbürsten, putzen oder schälen. Auf einer Gemüsereibe längs in lange, dünne Streifen raspeln, die wie Spaghetti oder dünne Platten (Bandnudeln) aussehen. Anschließend die Möhrenstreifen etwa 60 Sekunden lang in kochendem Salzwasser blanchieren oder in einer heißen Pfanne mit etwas Fett zwei bis drei Minuten braten.

Nährwertangaben pro Portion (150 g geputzte Rohware)

- 50 kcal, 1,3 g Eiweiß, 0,3 g Fett, 10,2 g Kohlenhydrate

Rote Bete mit einem Spiralschneider, Juliennehobel oder Gemüsespitzer in feine Streifen schneiden. Anschließend die Rote-Bete-Streifen etwa 60 Sekunden lang in kochendem Salzwasser blanchieren oder in einer heißen Pfanne mit etwas Fett zwei bis drei Minuten dünsten.

Nährwertangaben pro Portion (150 g geputzte Rohware)

- 65 kcal, 2,3 g Eiweiß, 0,2 g Fett, 12,6 g Kohlenhydrate

Nudelsalat mit Geflügelspießen

Für 4 Personen
Zubereitungszeit: 40 Minuten
Kühlzeit: 120 Minuten

Für den Nudelsalat:

- 1 Möhre
- 300 g Low-Carb-Nudeln nach Wahl
- 200 g tiefgekühlte Erbsen
- ½ rote Paprika
- 1 Lauchzwiebel
- ¼ Gurke
- ½ Bund glatte Petersilie
- 100 g Schmand
- 200 g Sojajoghurt
- 1 Bio-Zitrone
- 1 TL flüssiger Honig
- Salz, Pfeffer

Für die Geflügelspieße:

- 600 g frische Hähnchenbrust
- 1 EL Olivenöl
- 1 Knoblauchzehe
- ½ rote Paprika
- ½ Zwiebel
- 1 Bund Rucola
- Salz, Pfeffer aus der Mühle

Meine Empfehlung für dieses Gericht: Kichererbsennudeln (Fussili).

Zutaten ohne Nudeln:

1 Portion (ca. 390 g): 330 kcal, 43,1 g Eiweiß (52,9 E%), 10,7 g Fett (29,8 E%), 14,1 g Kohlenhydrate (17,3 E%)

Komplettes Gericht mit der empfohlenen Nudelsorte:

1 Portion (ca. 540 g): 580 kcal, 57,1 g Eiweiß (41,1 E%), 15,2 g Fett (24,8 E%), 47,3 g Kohlenhydrate (34,1 E%)

01 Möhre schälen und in ca. 2 cm dünne Stifte schneiden.

02 Die Nudeln nach Packungsanweisung kochen. Kurz vor Ende der Garzeit Möhrenstifte und Erbsen zugeben. Anschließend alles in ein Sieb abgießen. Dabei eine halbe Tasse Nudelwasser auffangen. Nudeln und Gemüse kalt abschrecken, in eine große Schüssel geben und abgedeckt beiseitestellen.

03 Die halbe Paprika putzen und in kleine Stücke schneiden. Die Lauchzwiebel ebenfalls putzen und in dünne Ringe schneiden. Die Gurke schälen und in Würfel schneiden. Petersilie waschen, trocken schütteln und hacken. Alles zu den Nudeln in die Schüssel geben.

04 Dann Schmand, Joghurt, das abgekühlte Nudelwasser, etwas Zitronenschalenabrieb, Honig und 2–3 EL Zitronensaft in eine Schüssel geben und miteinander verrühren. Mit Salz und Pfeffer würzen. Dann zur Nudel-Gemüse-Mischung geben, gut umrühren und das Ganze für einige Stunden in den Kühlschrank stellen.

05 Gut eine halbe Stunde vor der geplanten Mahlzeit die Hähnchenbrüste waschen, trocknen und in ca. 2 cm große Würfel schneiden. Diese zusammen mit Olivenöl, Salz und Pfeffer in eine Schüssel geben. Den Knoblauch schälen, durch eine Knoblauchpresse zum Fleisch geben, unterrühren und alles ca. 30 Minuten durchziehen lassen.

06 Paprika und Zwiebel putzen und in Stücke von der Größe der Geflügelwürfel schneiden. Nach der Marinierzeit abwechselnd Fleischwürfel, Paprika und Zwiebel auf die Spieße stecken und das Ganze mit Salz und Pfeffer würzen. Anschließend die Spieße in einer heißen Pfanne von allen Seiten im Öl der Marinade braten.

07 Den Rucola waschen, trocken schütteln oder schleudern und als Salatbett auf Tellern auslegen. Den Nudelsalat darauf verteilen und die heißen Spieße anlegen.

Pasta mit Bolognese

Für 4 Personen
Zubereitungszeit: 20 Minuten

- ½ rote Zwiebel
- 20 g Schinkenspeck
- 1 TL Olivenöl
- 400 g Rinderhackfleisch
- 1 rote Chilischote
- 1 Knoblauchzehe
- 500 g passierte Tomaten (Dose)
- 1 Möhre
- 300 g Kirschtomaten
- 1 Lorbeerblatt
- 300 g Low-Carb-Nudeln nach Wahl
- ¼ Bund frische Basilikumblätter
- 50 g frischer Parmesan
- Salz, Pfeffer aus der Mühle

Meine Empfehlung für dieses Gericht: Sojaspaghetti.

Zutaten ohne Nudeln:

1 Portion (ca. 350 g): 315 kcal, 27,3 g Eiweiß (34,8 E%), 19,8 g Fett (57,3 E%), 6,2 g Kohlenhydrate (7,9 E%)

Komplettes Gericht mit der empfohlenen Nudelsorte:

1 Portion (ca. 560 g): 615 kcal, 61 g Eiweiß (40,2 E%), 25,4 g Fett (37,9 E%), 33,2 g Kohlenhydrate (21,9 E%)

01 Zwiebel schälen und ebenso wie den Schinkenspeck in kleine Würfel schneiden. Anschließend beides kurz in Olivenöl anbraten.

02 Dann das Rinderhackfleisch zugeben und anbraten. Die Chilischote und den Knoblauch küchenfertig vorbereiten, jeweils in 3–4 kleine Stückchen schneiden und zugeben. Leicht mit Pfeffer und Salz würzen.

03 Die passierten Tomaten zugeben und das Ganze bei Bedarf mit etwas Wasser verdünnen. Die Möhre schälen, fein raspeln und zur Sauce geben. Die Kirschtomaten waschen, halbieren und zusammen mit dem Lorbeerblatt unterrühren. Die Bolognesesauce ca. 15 Minuten köcheln lassen und mit Salz und Pfeffer abschmecken.

04 Die Nudeln laut Packungsanweisung zubereiten. Um ein bestmögliches »al dente«-Ergebnis zu erzielen, unbedingt die empfohlene Kochzeit einhalten. Nach der Garzeit abschütten.

05 Anschließend die Pasta auf Teller verteilen, die Sauce darüber geben und das Ganze jeweils mit 1–2 Basilikumblättern garnieren. Dazu frisch geriebenen Parmesankäse servieren.

Bandnudeln mit Spitzkohlcurry

Für 4 Personen
Zubereitungszeit: 25 Minuten

- 800 g Spitzkohl
- 1 EL Kokosöl
- 200 ml Gemüsebrühe
- 300 g Low-Carb-Nudeln nach Wahl
- 100 g Frischkäse
- 1 EL Rapsöl
- Salz, Pfeffer, Curry

Meine Empfehlung für dieses Gericht: Kichererbsenbandnudeln.

Zutaten ohne Nudeln:

1 Portion (ca.240 g): 180 kcal, 5,1 g Eiweiß (11,5 E%), 14,1 g Fett (71,6 E%), 7,5 g Kohlenhydrate (16,9 E%)

Komplettes Gericht mit der empfohlenen Nudelsorte:

1 Portion (ca. 390 g): 390 kcal, 19,1 g Eiweiß (18,7 E%), 18,5 g Fett (41,3 E%), 40,8 g Kohlenhydrate (40 E%)

01 Den Spitzkohl küchenfertig vorbereiten, in feine Streifen schneiden und in einer Pfanne mit Kokosöl anbraten. Wenn er leicht braun wird, mit Brühe ablöschen und ca. 10–12 Minuten schmoren, bis der Kohl weich ist.

02 Die Nudeln in kochendes Salzwasser geben, nach Packungsanweisung garen und dann abgießen.

03 Anschließend die Nudeln unter den Spitzkohl in der Pfanne mischen, das Ganze mit Salz, Pfeffer und Curry abschmecken, den Frischkäse unterziehen und abschließend etwas Rapsöl darüber gießen.

Brokkoli-Pilz-Pfanne mit Nudeln

Für 4 Personen
Zubereitungszeit: 20 Minuten

- 3 l Wasser
- 500 g Brokkoli
- 50 g Sardellenfilets (Glas)
- 400 g Champignons
- 2 Knoblauchzehen
- ¼ Bund glatte Petersilie
- 300 g Low-Carb-Nudeln nach Wahl
- 5 EL Olivenöl
- 50 g geriebener Parmesan
- Salz, Pfeffer, gemahlener Piment

Meine Empfehlung für dieses Gericht: Erbsennudeln.

Zutaten ohne Nudeln:

1 Portion (ca. 270 g): 235 kcal, 15,4 g Eiweiß (26,1 E%), 17,1 g Fett (65,9 E%), 4,7 g Kohlenhydrate (8 E%)

Komplettes Gericht mit der empfohlenen Nudelsorte:

1 Portion (ca. 420 g): 460 kcal, 32,6 g Eiweiß (29,8 E%), 18,2 g Fett (37,7 E%), 35,6 g Kohlenhydrate (32,6 E%)

01 Salzwasser (ca. 1 TL Salz pro Liter) aufkochen lassen.

02 Den Brokkoli putzen, in kleine Röschen teilen und waschen. Die Sardellen abspülen, trocken tupfen und fein schneiden. Die Champignons putzen, halbieren oder vierteln. Den Knoblauch schälen und fein schneiden. Die Petersilie waschen, trocken schütteln und ebenfalls fein schneiden.

03 Die Nudeln ins kochende Wasser geben und nach Packungsanweisung garen. Ca. 3 Minuten vor Ende der Garzeit den Brokkoli zugeben. Nudeln und Brokkoli nach Ende der Garzeit abgießen und wieder zurück in den Topf geben.

04 2 EL Öl in einer Pfanne erhitzen. Die Pilze darin bei mittlerer Hitze ca. 5 Minuten braten. Am Schluss Sardellen und Knoblauch kurz mitbraten und mit Salz und Pfeffer abschmecken. Dann das Ganze zu den Nudeln und dem Brokkoli in den Topf geben.

05 Anschließend die Petersilie, das restliche Öl und die Pilze zugeben und alles gut vermischen. Mit Salz, Pfeffer und etwas Piment abschmecken.

06 Mit geriebenem Parmesan servieren.

Rigatoni mit Walnusssauce

Für 4 Personen
Zubereitungszeit: 30 Minuten

- 400 g Möhren
- 2 Zwiebeln
- 2 Knoblauchzehen
- 400 g Kirschtomaten
- 40 g Parmesan am Stück
- 40 g Walnusskerne
- 300 g Low-Carb-Nudeln nach Wahl
- 2 EL Butter
- 100 g cremiger Ricotta (ersatzweise Frischkäse)
- 1 TL Zitronensaft
- Salz, Chilipulver, Pfeffer

Meine Empfehlung für dieses Gericht: Erbsenrigatoni.

Zutaten ohne Nudeln:

1 Portion (ca. 265 g): 240 kcal, 8,9 g Eiweiß (14,7 E%), 17,5 g Fett (65,8 E%), 11,8 g Kohlenhydrate (19,5 E%)

Komplettes Gericht mit der empfohlenen Nudelsorte:

1 Portion (ca. 415 g): 470 kcal, 26,1 g Eiweiß (23,5 E%), 18,6 g Fett (38 E%), 42,7 g Kohlenhydrate (38,5 E%)

01 Möhren schälen, waschen und grob raspeln. Zwiebeln und Knoblauch schälen und fein würfeln. Tomaten waschen und halbieren. Parmesan fein reiben.

02 Walnüsse grob hacken. In einer großen Pfanne ohne Fett rösten, herausnehmen und zur Seite stellen.

03 Die Nudeln nach Packungsanweisung garen. Inzwischen Butter in der Pfanne erhitzen. Möhren, Zwiebeln und Knoblauch darin unter Rühren ca. 8 Minuten dünsten. Die Tomaten zugeben und weitere 3–4 Minuten mitdünsten. Mit Salz und 1 TL Chilipulver abschmecken.

04 Zwischenzeitlich von den Nudeln ca. 150 ml Kochwasser abnehmen. Etwa 100 ml davon zu den Möhren in die Pfanne gießen und alles aufkochen lassen. Den Rest beiseitestellen. Nach Ende der Garzeit die Nudeln abgießen und zurück in den Topf geben.

05 Möhrensauce, Ricotta und Parmesan unter die Nudeln mischen. Bei schwacher Hitze ca. 2 Minuten köcheln lassen. Bei Bedarf das restliche Nudelwasser zugeben. Das Ganze mit Salz, Pfeffer und Zitronensaft würzen.

06 Zum Servieren die Nudelmischung auf Tellern anrichten und mit den Walnüssen bestreuen.

Nudeln mit Waldpilzen in Zitronenöl

Für 4 Personen
Zubereitungszeit: 30 Minuten

- 750 g gemischte Pilze (z.B. Pfifferlinge, Rosé Champignons, Steinpilze)
- 100 g geräucherter durchwachsener Speck
- 1 mittelgroße Zwiebel
- 1 Knoblauchzehe
- 1 Bund glatte Petersilie
- Saft von ½ Bio-Zitrone
- 300 g Low-Carb-Nudeln nach Wahl
- 2,5 EL Olivenöl
- 1 EL Butter
- Salz, Pfeffer

Meine Empfehlung für dieses Gericht: Erbsenbandnudeln.

Zutaten ohne Nudeln:

1 Portion (ca. 240 g): 275 kcal, 10,4 g Eiweiß (15,3 E%), 25 g Fett (80,9 E%), 2,6 g Kohlenhydrate (3,8 E%)

Komplettes Gericht mit der empfohlenen Nudelsorte:

1 Portion (ca. 390 g): 500 kcal, 27,6 g Eiweiß (23 E%), 26 g Fett (49,1 E%), 33,5 g Kohlenhydrate (27,9 E%)

01 Pilze säubern und evtl. kurz waschen. Große Pilze halbieren oder vierteln. Speck in dünne Streifen schneiden. Zwiebel und Knoblauch schälen. Zwiebel fein würfeln, Knoblauch sehr fein hacken.

02 Petersilie waschen, trocken schütteln und fein schneiden. Zitrone heiß waschen, abtrocknen, Schale fein abreiben und mit der Petersilie mischen. Zitronenhälfte auspressen.

03 Nudeln nach Packungsanweisung garen. Anschließend abtropfen lassen und beiseitestellen.

04 Eine große Pfanne mit 1 TL Öl ausstreichen und erhitzen. Speck darin knusprig braten. Zwiebeln und Knoblauch kurz mitbraten und anschließend alles herausnehmen.

05 In der gleichen Pfanne das restliche Öl portionsweise stark erhitzen und darin – ebenfalls portionsweise – die Pilze unter Wenden jeweils ca. 5 Minuten braun braten. (Dabei beachten, dass Sie nicht zu viele Pilze auf einmal in die Pfanne geben, da sie sonst nicht schön braun werden.)

06 Am Schluss alle Pilze zurück in die Pfanne geben und mit Salz und Pfeffer würzen. Die Butter zufügen und alles bei mittlerer Hitze noch etwa 2–3 Minuten weiterbraten.

07 Dann die Speckmischung unter die Pilze heben und kurz erhitzen. Zitronensaft und Petersilien-Zitronen-Mix unterrühren. Die Nudeln mit den Pilzen mischen.

Nudeln mit Fleischklößchen

Für 4 Personen
Zubereitungszeit: 30 Minuten

- 1 rote Zwiebel
- 400 g Rinderhackfleisch
- 1 TL scharfer Senf
- 2 Eier (Größe M)
- 2 EL Rapsöl
- 300 g Frühlingszwiebeln
- 250 g Kirschtomaten
- 300 g Low-Carb-Nudeln nach Wahl
- ½ Bund frischer Basilikum
- 100 ml Milch (3,5 % Fett)
- 40 g Hartkäse (z. B. Parmesan)
- 40 g Schmelzkäse
- Saft von ¼ Zitrone
- Salz, Pfeffer

Meine Empfehlung für dieses Gericht: grüne Linsenspaghetti.

Zutaten ohne Nudeln:

1 Portion (ca. 335 g): 415 kcal, 30,6 g Eiweiß (29,3 E%), 29,2 g Fett (63,5 E%), 7,5 g Kohlenhydrate (7,2 E%)

Komplettes Gericht mit der empfohlenen Nudelsorte:

1 Portion (ca. 485 g): 705 kcal, 51,6 g Eiweiß (30 E%), 30,8 g Fett (40,7 E%), 50,2 g Kohlenhydrate (29,3 %)

01 Die Zwiebel schälen und fein würfeln. Hackfleisch, Zwiebelwürfel, Senf, Eier, Salz und Pfeffer verkneten. Aus der Hackmasse mit angefeuchteten Händen kleine (tischtennisballgroße) Hackbällchen formen.

02 1 EL Öl in einer großen Pfanne erhitzen und die Hackbällchen unter Wenden 4–5 Minuten braten. Anschließend herausnehmen und beiseitestellen.

03 Inzwischen die Frühlingszwiebeln putzen, waschen und in feine Ringe schneiden. Die Tomaten ebenfalls waschen und ggf. halbieren.

04 Die Nudeln nach Packungsanweisung in kochendem Salzwasser zubereiten, abgießen und dann kurz abschrecken. Den Basilikum waschen, trocken schütteln von den Stielen befreien und in feine Streifen schneiden.

05 Das restliche Öl in den Topf geben und die Tomaten unter Wenden kurz darin anbraten und wieder herausnehmen. Dann die Frühlingszwiebeln in das Bratfett geben und anbraten. Anschließend mit Milch ablöschen und aufkochen lassen. Dann Parmesan und Schmelzkäse zufügen und alles unter Rühren erhitzen. Mit Salz, Pfeffer und Zitronensaft würzen.

06 Nudeln, Hackbällchen und Tomaten zur Sauce geben und alles nochmals kurz erhitzen. Zum Servieren das Nudelgericht auf Tellern anrichten und mit Basilikum bestreuen.

TIPP: Sollte Ihnen bei diesem Gericht die Energiedichte zu hoch sein, können Sie anstelle des Rinderhackfleischs klein gewürfelte Putenbrustschnitzel verwenden.

Pasta mit Hähnchenragout »Toscana«

Für 4 Personen
Zubereitungszeit: 30 Minuten

- 2 Möhren
- 2 Stangen Staudensellerie
- 1 Zwiebel
- 2 Knoblauchzehen
- 4 Hähnchenkeulen (à ca. 250 g)
- 2 EL Rapsöl
- 2 TL Fenchelsamen
- 60 g Pinienkerne
- 2 Zweige Rosmarin
- 100 ml roter Traubensaft
- 200 ml Geflügelbrühe
- 1 Dose stückige Tomaten (425 ml)
- 250 ml Wasser
- 300 g Low-Carb-Nudeln nach Wahl
- Salz, Pfeffer

Meine Empfehlung für dieses Gericht: Erbsenbandnudeln.

Zutaten ohne Nudeln:

1 Portion (ca. 425 g): 395 kcal, 33,6 g Eiweiß (34,3 E%), 23,1 g Fett (53,5 E%), 12 g Kohlenhydrate (12,3 E%)

Komplettes Gericht mit der empfohlenen Nudelsorte:

1 Portion (ca. 575 g): 680 kcal, 54,6 g Eiweiß (33 E%), 24,8 g Fett (33,9 E%), 54,8 g Kohlenhydrate (33 E%)

01 Die Möhren schälen und den Staudensellerie putzen. Anschließend waschen und in ca. 1 cm große Stücke schneiden. Zwiebel und Knoblauch schälen und fein würfeln.

02 Die Haut von den Hähnchenkeulen ablösen. Das Fleisch anschließend waschen und trocken tupfen. Das Öl in einem Schmortopf oder Bräter erhitzen. Die Keulen darin von beiden Seiten goldbraun anbraten. Mit Salz und Pfeffer würzen und herausnehmen.

03 Gemüse, Zwiebeln und Knoblauch ins heiße Bratfett geben und bei mittlerer Hitze 6–8 Minuten dünsten. Zwischenzeitlich die Fenchelsamen im Mörser zerstoßen. Die Pinienkerne zugeben und ebenfalls mörsern. Den Rosmarin waschen, trocken tupfen und die Nadeln abzupfen. Fenchelsamen, Pinienkerne und Rosmarin zum Gemüse geben und gut unterrühren. Dann die Hähnchenkeulen wieder zugeben.

04 Alles mit Traubensaft und Geflügelbrühe ablöschen und aufkochen lassen. Tomaten und Wasser zugießen alles 50–60 Minuten schmoren lassen. Danach die Keulen herausnehmen und kurz abkühlen lassen. Zwischenzeitlich die Nudeln nach Packungsanweisung garen.

05 Das Hähnchenfleisch von den Knochen lösen und in feine Stücke schneiden. Diese wieder in die Sauce geben und erwärmen. Das Ragout mit Salz und Pfeffer würzen. Die Nudeln abgießen, mit dem Ragout mischen und auf Tellern anrichten.

Nudeln mit Balsamicoerdbeeren und Gorgonzolacreme

Für 4 Personen
Zubereitungszeit: 30 Minuten

- 300 g Low-Carb-Nudeln nach Wahl
- 50 g Gorgonzola
- 20 g Mandelkerne
- 400 g Erdbeeren
- 2 g Butter (ca. ½ TL)
- 2 EL Aceto Balsamico (dunkel)
- 1 EL Traubenkernöl
- 2 EL Balsamicocreme
- Salz, Pfeffer

Meine Empfehlung für dieses Gericht: Kichererbsenbandnudeln.

Zutaten ohne Nudeln:

1 Portion (ca. 150 g): 155 kcal, 4,6 g Eiweiß (11,9 E%), 10,4 g Fett (61,6 E%), 10,2 g Kohlenhydrate (26,5 E%)

Komplettes Gericht mit der empfohlenen Nudelsorte:

1 Portion (ca. 300 g): 405 kcal, 18,5 g Eiweiß (19,4 E%), 14,9 g Fett (35,2 E%), 43,4 g Kohlenhydrate (45,4 E%)

01 Nudeln in kochendem Salzwasser nach Packungsanweisung garen.

02 Gorgonzola würfeln. Die Mandeln grob hacken. Die Erdbeeren waschen, vom Strunk befreien und vierteln.

03 Die Mandeln in einer Pfanne ohne Fett leicht rösten und anschließend wieder herausnehmen. Dann die Butter in der Pfanne erhitzen und die Erdbeeren darin ca. 1–2 Minuten braten. Anschließend mit dem Essig ablöschen.

04 Die Nudeln abgießen und zurück in den Topf geben. Erdbeeren und Nüsse zufügen und alles kurz mischen. Mit Salz und Pfeffer abschmecken. Dann die Nudeln auf Tellern anrichten und den Gorgonzola darauf verteilen.

05 Zum Servieren mit Traubenkernöl und Balsamicocreme beträufeln.

Nudeln mit Bärlauch-Rucola-Nuss-Pesto

Für 4 Personen
Zubereitungszeit: 30 Minuten

- 50 g gemahlene Haselnüsse
- 2 Bund frischer Bärlauch
- 3 Bund frischer Rucola
- 50 g Parmesankäse
- 1 Salatgurke
- 2 EL Rapsöl
- 300 g Low-Carb-Nudeln nach Wahl
- 125 g Mozzarella
- Salz, Pfeffer und Muskat

Meine Empfehlung für dieses Gericht: Erbsennudeln.

Zutaten ohne Nudeln:

1 Portion (ca. 240 g): 290 kcal, 13,6 g Eiweiß (18,6 E%), 24 g Fett (74,5 E%), 5 g Kohlenhydrate (6,9 E%)

Komplettes Gericht mit der empfohlenen Nudelsorte:

1 Portion (ca. 390 g): 515 kcal, 30,7 g Eiweiß (24,9 E%), 25 g Fett (46 E%), 35,9 g Kohlenhydrate (29,1 E%)

01 Die Haselnüsse in einer Pfanne ohne Fett ca. 1–2 Minuten anrösten. Bärlauch und Rucola verlesen, waschen, trocken schütteln und in Streifen schneiden. Parmesan reiben. Gurke schälen, längs halbieren und in grobe Stücke schneiden. Alle Zutaten zusammen mit dem Öl mit einem Mixstab fein pürieren. Mit Salz, Muskat und Pfeffer würzen.

02 Die Nudeln in kochendem Salzwasser nach Packungsanweisung zubereiten. Mozzarella in Würfel schneiden. Nudelwasser abgießen, Mozzarella und Pesto unter die Nudeln heben und das Ganze auf Tellern anrichten.

Bratnudelpfanne griechische Art

Für 4 Personen
Zubereitungszeit: 30 Minuten

- 300 g Schweinefilet
- 2 Zwiebeln
- 1 Knoblauchzehe
- 2 TL Gyrosgewürzmischung
- 2 EL Rapsöl
- 500 g Brokkoli
- 300 g Möhren
- 300 g Low-Carb-Nudeln nach Wahl
- ¼ l Gemüsebrühe
- 2 EL Butter
- Salz, Pfeffer

Meine Empfehlung für dieses Gericht: rote Linsenpenne.

Zutaten ohne Nudeln:

1 Portion (ca. 360 g): 235 kcal, 22,2 g Eiweiß (38,4 E%), 12 g Fett (45,6 E%), 9,3 g Kohlenhydrate (16 E%)

Komplettes Gericht mit der empfohlenen Nudelsorte:

1 Portion (ca. 510 g): 520 kcal, 43,2 g Eiweiß (34,3 E%), 13,6 g Fett (24,5 E%), 52 g Kohlenhydrate (41,3 E%)

01 Das Fleisch waschen, trocken tupfen und in feine Streifen schneiden. Zwiebeln und Knoblauch schälen und in feine Würfel schneiden. Dann Fleisch, Zwiebeln und Knoblauch mischen und für etwa 10–15 Minuten mit Gyrosgewürz und Öl marinieren.

02 Brokkoli in Röschen teilen, vom Strunk befreien und waschen. Möhren schälen, waschen und in Streifen schneiden.

03 Die Nudeln in kochendem Salzwasser nach Packungsanweisung zubereiten. Anschließend in ein Sieb abgießen und abtropfen lassen.

04 Zwischenzeitlich eine Pfanne erhitzen und das marinierte Fleisch darin von allen Seiten ca. 5–6 Minuten braten. Mit Salz und Pfeffer würzen. Anschließend herausnehmen und beiseitestellen. Dann das Gemüse im Bratfett ca. 3–4 Minuten anbraten. Mit Brühe angießen, alles aufkochen und dann ca. 3 Minuten köcheln lassen. Anschließend das Gemüse aus der Pfanne nehmen.

05 Die Butter in der Pfanne erhitzen und die Nudeln darin unter Wenden ca. 2–3 Minuten braten. Fleisch und Gemüse wieder in die Pfanne geben und unterheben.

06 Zum Servieren das Gericht in tiefen Tellern anrichten.

Shiratakinudeln mit Linsencreme

Für 4 Personen
Zubereitungszeit: 25 Minuten

- 300 g rote Zwiebeln
- 3 Knoblauchzehen
- 1 EL Olivenöl
- 150 g rote Linsen
- 200 ml kaltes Wasser
- 2 TL gekörnte Brühe
- ½ TL Kurkuma
- 600 g Shiratakinudeln
- 200 ml Milch
- 1 Bund glatte Petersilie
- 50 g frisch geriebener Parmesan
- Salz, Cayennepfeffer

Zutaten ohne Nudeln:

1 Portion (ca. 225 g): 270 kcal, 16,9 g Eiweiß (25,2 E%), 10,1 g Fett (34,1 E%), 27,3 g Kohlenhydrate (40,7 E%)

Komplettes Gericht mit Shiratakinudeln:

1 Portion (ca. 375 g): 285 kcal, 17,1 g Eiweiß (24,3 E%), 10,1 g Fett (32,6 E%), 30,3 g Kohlenhydrate (43,1 E%)

01 Zwiebeln schälen und fein hacken. Knoblauch schälen und durchpressen. Zwiebeln und Knoblauch mit dem Öl in eine Pfanne geben und bei mittlerer Hitze ca. 8–9 Minuten glasig schmoren.

02 Inzwischen die Linsen in kaltem Wasser mit der Brühe und Kurkuma ansetzen, aufkochen lassen und bei schwacher Hitze ca. 10 Minuten garen.

03 Die Nudeln nach Packungsanweisung zubereiten. Anschließend abgießen und warm stellen.

04 Die Linsen zu den Zwiebeln geben, Milch zugießen und das Ganze ca. 6–8 Minuten sanft köcheln lassen, bis eine sämige Creme entsteht. Mit Salz und Cayennepfeffer abschmecken.

05 Petersilie waschen, trocken schütteln und bis auf einige Blättchen grob hacken. Unter die Creme mischen.

06 Die Nudeln auf Tellern anrichten und die Linsencreme darauf verteilen. Mit Parmesan und Petersilie bestreuen und servieren.

TIPP: Zu diesem Gericht passen auch Zucchininudeln.

Shiratakinudeln mit Avocado-Feta-Creme und feurigen Garnelen

Für 4 Personen
Zubereitungszeit: 30 Minuten

- 500 g Riesengarnelen (frisch oder tiefgekühlt; ohne Kopf, mit Schale)
- 150 g Fetakäse
- 50 g Schmand
- 1 reife Avocado
- Saft von ¼ Zitrone
- 2 Knoblauchzehen
- 2 rote Chilischoten
- 600 g Shiratakinudeln
- 2 EL Olivenöl
- Salz, Pfeffer

Zutaten ohne Nudeln:

1 Portion (ca. 250 g): 320 kcal, 25,4 g Eiweiß (32 E%), 22,5 g Fett (62,8 E%), 4,1 g Kohlenhydrate (5,2 E%)

Komplettes Gericht mit Shiratakinudeln:

1 Portion (ca. 400 g): 360 kcal, 26 g Eiweiß (28,8 E%), 25 g Fett (62,9 E%), 7,5 g Kohlenhydrate (8,3 E%)

01 Garnelen evtl. auftauen lassen. Für die Avocadocreme den Fetakäse mit einer Gabel grob zerdrücken und mit dem Schmand verrühren. Die Avocado längs halbieren und den Kern herauslösen. Das Fruchtfleisch aus der Schale lösen, zusammen mit dem Zitronensaft in einen hohen Rührbecher geben und das Ganze mit einem Stabmixer fein pürieren. Die Fetacreme unterheben und alles mit Salz und Pfeffer abschmecken.

02 Den Knoblauch schälen und sehr fein hacken. Die Chilischoten putzen, längs einritzen, entkernen, waschen und in feine Ringe schneiden. Die Garnelen schälen, am Rücken längs einritzen und den dunklen Darm entfernen. Anschließend abspülen und trocken tupfen.

03 Zwischenzeitlich die Nudeln nach Packungsanweisung zubereiten.

04 Inzwischen das Öl in einer großen Pfanne erhitzen und die Garnelen darin ca. 3 Minuten braten. Kurz vor Ende der Bratzeit Knoblauch und Chili zugeben und mitbraten. Das Ganze mit etwas Salz würzen.

05 Dann die Nudeln abgießen und wieder in den Topf geben. Die Garnelen und die Avocado-Feta-Creme vorsichtig unterziehen.

Red Snapper an Shiratakinudelsalat und Petersilienwurzeln

Für 4 Personen
Zubereitungszeit: 90 Minuten

Für das Gemüse:
- 400 g Petersilienwurzeln
- 1 rote Zwiebel
- 3 Zweige Rosmarin
- 1 EL Olivenöl
- Salz, Pfeffer

Für den Nudelsalat:
- 1 rote Zwiebel
- 1 Knoblauchzehe
- 1 TL Dijon-Senf
- 1 TL Meerrettich (Tube oder Glas)
- 1 EL Essig
- 100 ml Gemüsebrühe
- 2 EL Olivenöl
- 6 kleine Datteltomaten
- 600 g Shiratakinudeln
- Salz, Pfeffer

Für den Fisch:
- 600 g Red Snapper
- 1 Bio-Zitrone
- 20 g Kokosflocken
- 1 EL Rapsöl
- Salz, Pfeffer

Zutaten ohne Nudeln:

1 Portion (ca. 300 g): 290 kcal, 32,8 g Eiweiß (44,7 E%), 15,1 g Fett (46,5 E%), 6,4 g Kohlenhydrate (8,8E%)

Komplettes Gericht mit Shiratakinudeln:

1 Portion (ca. 450 g): 305 kcal, 33 g Eiweiß (43 E%), 15,1 g Fett (44,7 E%), 9,4 g Kohlenhydrate (12,3 E%)

01 Backofen auf 150° (Umluft) vorheizen.

02 Die Petersilienwurzeln schälen, waschen, in Würfel schneiden und in eine Auflaufform geben. Die Zwiebel schälen, halbieren und längs in Streifen schneiden. Die Rosmarinnadeln abstreifen und mit den Zwiebeln auf den Petersilienwurzeln verteilen. Das Ganze mit Salz und Pfeffer würzen. Das Olivenöl zugeben und alles vermengen. Für etwa 1 Stunde im Backofen garen. Zwischendurch gelegentlich durchmengen.

03 Für die Vinaigrette Zwiebel schälen und in feine Würfel schneiden. Knoblauch schälen und fein hacken. Beides in eine Schüssel geben und mit Senf, Meerrettich, Salz, Pfeffer, Essig und der Gemüsebrühe verrühren. Zum Schluss das Olivenöl langsam einrühren und alles noch mal mit den Gewürzen nachschmecken. Die Datteltomaten waschen, in Würfel schneiden und in die Vinaigrette geben.

04 Die Shiratakinudeln nach Packungsanweisung zubereiten. Anschließend herausnehmen, mit kaltem Wasser abschrecken und gut abtropfen lassen. Dann in die Vinaigrette geben, alles gut miteinander vermischen und etwas durchziehen lassen.

05 Den Fisch trocken tupfen und in Stücke schneiden. Die Zitrone waschen, halbieren und eine Hälfte auspressen. Die andere Hälfte in Scheiben schneiden. Den Fisch mit der halben Menge Zitronensaft beträufeln, salzen, pfeffern und mit den Kokosflocken bestreuen. Das Rapsöl erhitzen und zuerst die »fleischige« Fischseite ca. 2 Minuten braten. Anschließend den Fisch umdrehen und auf der Hautseite fertig garen. Die Haut sollte schön kross sein.

06 Zum Servieren das Gemüse, den Salat und den Fisch auf Tellern anrichten und mit Zitronenscheiben garnieren.

Shirataki Carbonara

Für 4 Personen
Zubereitungszeit: 25 Minuten

- 3 mittelgroße Zucchini
- 1 rote Paprika
- ¼ Kopf Wirsing
- 1 Zwiebel
- 200 g gekochter Schinken
- 1 EL Rapsöl
- 4 EL Gemüsebrühe
- frische Kräuter nach Wahl (z. B. Rosmarin, Basilikum, Salbei)
- 600 g Shiratakinudeln
- 2 Eier (Größe L)
- 4 EL Frischkäse (60 % Fett)
- Salz, Pfeffer, Muskatnuss

Zutaten ohne Nudeln:

1 Portion (ca. 320 g): 250 kcal, 19,4 g Eiweiß (31,4 E%), 14,7 g Fett (53,9E%), 9,1 g Kohlenhydrate (14,7 E%)

Komplettes Gericht mit Shiratakinudeln:

1 Portion (ca. 470 g): 265 kcal, 19,6 g Eiweiß (30,1 E%), 14,7 g Fett (51,3 E%), 12,1 g Kohlenhydrate (18,6 E%)

01 Zucchini, Paprika und Wirsing putzen, waschen und in Streifen schneiden.

02 Zwiebel schälen und in feine Würfel schneiden. Den gekochten Schinken ebenfalls in feine Würfel schneiden. Das Rapsöl in einem Topf erhitzen und darin die Zwiebel- und Schinkenwürfel etwa 2 Minuten anschwitzen. Mit etwas Gemüsebrühe ablöschen. Dann das Gemüse zufügen, das Ganze mit den Gewürzen und Kräutern abschmecken und etwa 5 Minuten schmoren lassen.

03 Die Nudeln nach Packungsanweisung zubereiten. Dann die Nudeln zu der Gemüse-Schinken-Mischung geben und für weitere 5 Minuten mitgaren.

04 Die Eier aufschlagen und vorsichtig den Frischkäse unterheben. Mit Salz, Pfeffer und Muskat würzen.

05 Die Temperatur der Gemüse-Nudel-Mischung etwas reduzieren. Die Ei-Frischkäse-Creme zur Gemüsemischung geben und gut unterrühren. Das Ganze ganz leicht köcheln lassen. Dabei darauf achten, dass die Temperatur nicht zu heiß ist, da sonst der Frischkäse flockig wird.

TIPP: **Zu diesem Gericht passen auch Linsennudeln.**

Shiratakigarnelen mit Spinatpesto

Für 4 Personen
Zubereitungszeit: 30 Minuten

- 40 g Pinienkerne
- 60 g Babyblattspinat
- 2 Knoblauchzehen
- 50 g Parmesan am Stück
- 6 EL Olivenöl
- 2 EL Cayennepfeffer
- 2 EL schwarze Pfefferkörner
- 2 EL getrockneter Thymian
- 1 EL getrockneter Oregano
- 1 EL Paprika edelsüß
- 1 EL grobes Meersalz
- 30 rohe Bio-Garnelen (küchenfertig vorbereitet, ca. 600 g)
- 600 g Shiratakinudeln (Muschelform)
- Salz, Pfeffer

Zutaten ohne Nudeln:

1 Portion (ca. 210 g): 385 kcal, 34,2 g Eiweiß (35,5 E%), 26,1 g Fett (61,5 E%), 2,9 g Kohlenhydrate (3 E%)

Komplettes Gericht mit Shiratakinudeln:

1 Portion (ca. 360 g): 400 kcal, 34,3 g Eiweiß (34,5 E%), 26,1 g Fett (59,5 E%), 5,9 g Kohlenhydrate (6 E%)

01 Für das Pesto die Pinienkerne in einer Pfanne ohne Fett goldbraun rösten. Anschließend auskühlen lassen.

02 Den Spinat verlesen, waschen, trocken schütteln und grob hacken. Den Knoblauch schälen und ebenfalls grob hacken. Etwa 30 g des Parmesans fein reiben, den restlichen in Späne hobeln.

03 Von den Pinienkernen 1 EL zur Seite legen. Die restlichen Pinienkerne zusammen mit dem Spinat, dem Knoblauch, dem geriebenen Parmesan und 4 EL Olivenöl mit einem Universalzerkleinerer oder mit dem Stabmixer pürieren. Das Pesto mit Salz und Pfeffer abschmecken.

04 Für die Gewürzmischung Cayennepfeffer, Pfefferkörner, Thymian, Oregano, Paprika und Meersalz im Mörser fein zermahlen. Alternativ die Gewürze in einen Gefrierbeutel wickeln und mit der Teigrolle mehrmals darüber rollen.

05 Die Garnelen abspülen, trocken tupfen und mit dem restlichen Olivenöl vermischen. Anschließend rundherum in einem Teil der Gewürzmischung wenden. Die restliche Mischung in ein Schraubglas geben und aufbewahren.

06 Eine große beschichtete Pfanne erhitzen. Die Garnelen darin unter Wenden 3–4 Minuten braten.

07 Zwischenzeitlich die Nudeln nach Anweisung auf der Packung zubereiten. Anschließend abgießen, dabei 100 ml Nudelwasser auffangen. Dieses zusammen mit den Nudeln zurück in den Topf geben und das Pesto unterrühren.

08 Die Nudeln auf Tellern anrichten. Garnelen darauf verteilen. Das Gericht zum Servieren mit Pinienkernen und Parmesanspänen garnieren.

Shiratakinudeln mit Thaibolognese

Für 4 Personen
Zubereitungszeit: 30 Minuten

- 1 Zwiebel
- 2 Knoblauchzehen
- 20 g frischer Ingwer
- 400 g Möhren
- 1 rote Chilischote
- 1 Bund Lauchzwiebeln
- 1 EL Rapsöl
- 400 g Schweinehackfleisch
- 1–2 EL Tomatenmark
- 120 ml Sojasauce
- 120 ml trockener Weißwein
- 600 g Shiratakinudeln
- 3 EL Erdnusskerne (ohne Salz)
- ½ TL gemahlener Koriander
- Salz, Pfeffer

Zutaten ohne Nudeln:

1 Portion (ca. 300 g): 420 kcal, 24,6 g Eiweiß (23,2 E%), 27,9 g Fett (59,8 E%), 13,6 g Kohlenhydrate (12,8 E%), 2,6 g Alkohol (4,2 E%)

Komplettes Gericht mit Shiratakinudeln:

1 Portion (ca. 450 g): 435 kcal, 24,7 g Eiweiß (22,7 E%), 27,9 g Fett (58 E%), 16,7 g Kohlenhydrate (15,2 E%), 2,6 g Alkohol (4,1 E%)

01 Zwiebel und Knoblauch schälen und sehr fein würfeln. Ingwer schälen und fein reiben. Möhren schälen und sehr fein würfeln. Chili putzen, längs einschneiden, entkernen, waschen und fein hacken. Lauchzwiebeln putzen, waschen und in Ringe schneiden.

02 Das Öl in einem Wok oder in einer großen Pfanne erhitzen. Anschließend das Hackfleisch unter Rühren darin 5–8 Minuten feinkrümelig braten. Zwiebeln, Knoblauch, Ingwer, Möhren und Chili zugeben. Unter Wenden bei mittlerer Hitze ca. 5 Minuten weiterbraten.

03 Das Tomatenmark einrühren und kurz anschwitzen. Dann das Ganze mit Sojasauce und Wein ablöschen, kurz aufkochen lassen und bei mittlerer Hitze 10–12 Minuten köcheln lassen.

04 Inzwischen die Nudeln nach Packungsanweisung garen.

05 Die Erdnüsse grob hacken. Etwa 2 Minuten vor Ende der Garzeit die Lauchzwiebeln zur Thaibolognese geben. Das Ganze mit Salz, Pfeffer und Koriander abschmecken.

06 Die Nudeln abgießen, abtropfen lassen, wieder in den Topf geben und mit der Bolognese mischen. Zum Servieren das Gericht mit Erdnüssen bestreuen.

TIPP: Alternativ zu den Shiratakinudeln können Sie auch Sojanudeln verwenden.

Blitznudeln mit Tomate und Mozzarella

Für 4 Personen
Zubereitungszeit: 15 Minuten

- 600 g Tomaten
- 2 Knoblauchzehen
- 2 EL Balsamicoessig
- 4 EL Olivenöl
- 600 g Shiratakinudeln
- 125 g Mozzarella
- 4–5 Stängel Basilikum
- 50 g geräucherter Speck in Scheiben
- Salz, Pfeffer

Zutaten ohne Nudeln:

1 Portion (ca. 210 g): 285 kcal, 8,2 g Eiweiß (11,5 E%), 25 g Fett (79,4 E%), 6,5 g Kohlenhydrate (9,1 E%)

Komplettes Gericht mit Shiratakinudeln:

1 Portion (ca. 360 g): 300 kcal, 8,3 g Eiweiß (11,2 E%), 25 g Fett (76,1 E%), 9,5 g Kohlenhydrate (12,7 E%)

01 Die Tomaten waschen und fein würfeln. Den Knoblauch schälen und fein hacken. Beides mit dem Essig und dem Olivenöl mischen. Mit Salz und Pfeffer würzen.

02 Die Nudeln nach Packungsanweisung zubereiten.

03 Den Mozzarella klein würfeln. Den Basilikum waschen, trocken schütteln und die Blätter abzupfen.

04 Den Speck in einer heißen Pfanne ca. 3–4 Minuten braten und auf Küchenpapier abtropfen lassen.

05 Die Nudeln abgießen. Mit Tomaten, Mozzarella und Basilikum mischen und das Ganze zum Schluss nochmals abschmecken.

06 Zum Servieren die Nudeln auf Tellern anrichten und mit den gebratenen Speckscheiben belegen.

TIPP: Zu diesem Gericht passen auch Kichererbsennudeln.

Miso-Nudel-Suppe

Für 4 Personen
Zubereitungszeit: 30 Minuten

- 300 g Algennudeln
- 6 g Wakame Algen (getrocknet)
- 200 g Thaispargel
- 2 EL Rapsöl
- 1 l Geflügelbrühe
- 1 Stück Ingwer (walnussgroß)
- 2 EL Sojasauce
- Saft von ½ Limette
- 2 EL Misopaste (hell)

Zutaten ohne Nudeln:

1 Portion (ca. 325 g): 270 kcal, 16,8 g Eiweiß (24,6 E%), 20,7 g Fett (68,8 E%), 4,5 g Kohlenhydrate (6,6 E%)

Komplettes Gericht mit Algennudeln:

1 Portion (ca. 475 g): 280 kcal, 16,9 g Eiweiß (24 E%), 21 g Fett (67,6 E%), 5,9 g Kohlenhydrate (8,4 E%)

01 Die Nudeln nach Packungsanweisung kochen, abschrecken und beiseitestellen.

02 Die Algen in etwas warmes Wasser geben und 10 Minuten quellen lassen. Anschließend in einem Sieb abtropfen lassen.

03 Den Spargel waschen, die Enden abschneiden und den Rest in etwas Öl anbraten. Mit der Brühe auffüllen und aufkochen lassen, bis der Spargel die gewünschte Konsistenz hat. Dann die Algen zugeben und das Ganze noch mal aufkochen lassen.

04 Den Ingwer reiben und zusammen mit der Sojasauce und dem Limettensaft zugeben. Die Misopaste mit etwas Brühe verrühren und dann einrühren. Die Suppe nicht mehr kochen lassen.

05 Die Nudeln in tiefe Teller geben, mit der Suppe übergießen und servieren.

TIPP: Alternativ können Sie auch Kichererbsennudeln verwenden.

Avocadosalat mit Algenspaghetti

Für 4 Personen
Zubereitungszeit: 30 Minuten

- 200 g Algenspaghetti
- 4 Avocados
- Saft von 1 Zitrone
- 2 Möhren (ca. 200 g)
- 200 g Kirschtomaten
- 30 g Rosinen
- 2 EL Olivenöl
- 1 Bund frischer Basilikum
- Pfeffer, Chilipulver

Zutaten ohne Nudeln:

1 Portion (ca. 350 g): 390 kcal, 4,4 g Eiweiß (4,5 E%), 33,4 g Fett (77,1 E%), 18,1 g Kohlenhydrate (18,4 E%)

Komplettes Gericht mit Algennudeln:

1 Portion (ca. 500 g): 400 kcal, 4,5 g Eiweiß (4,5 E%), 33,7 g Fett (76,1 E%), 19,5 g Kohlenhydrate (19,4 E%)

01 Die Algenspaghetti 20 Minuten in reichlich Salzwasser kochen.

02 In der Zwischenzeit die Avocados schälen, vom Kern befreien und das Avocadofleisch in kleine Würfel schneiden. Anschließend mit Zitrone beträufeln, um eine Bräunung zu verhindern. Die Möhren schälen und in feine Streifen schneiden. Kirschtomaten waschen, vierteln. Alles miteinander vermischen.

03 Die Algenspaghetti nach Ende der Garzeit abgießen und unter fließendem Wasser abschrecken. Anschließend unter den Salat mischen und mit Pfeffer und Chilipulver abschmecken.

04 Dann die Rosinen zufügen. Das Olivenöl darüber geben und alle Zutaten gut miteinander vermischen. Anschließend den Salat in Schälchen anrichten und mit dem Basilikum garnieren.

TIPP: Der Salat kann auch mit Spargel- oder Zucchinispaghetti zubereitet werden. Bitte dann die geänderte Zubereitung der »Nudeln« beachten.

Algenspaghetti Vongole mit Kokosmilch

Für 4 Personen
Zubereitungszeit: 30 Minuten

- 4 Schalotten
- 4 Knoblauchzehen
- 10 g Ingwer
- 4 Stängel Zitronengras
- 16 Kirschtomaten
- 2 Bund Koriander
- 2 rote Chilischoten
- 1 kg Venusmuscheln (mit Schale)
- 200 g Algenspaghetti
- 4 EL Olivenöl
- 100 ml Weißwein
- 300 ml ungesüßte Kokosmilch
- 4 EL Limettensaft
- Salz, Pfeffer

Zutaten ohne Nudeln:

1 Portion (ca. 275 g): 195 kcal, 9,8 g Eiweiß (20,5 E%), 10,9 g Fett (51,4 E%), 9,8 g Kohlenhydrate (20,4 E%), 2,2 g Alkohol (7,7 E%)

Komplettes Gericht mit Algennudeln:

1 Portion (ca. 425 g): 200 kcal, 9,9 g Eiweiß (19,8 E%), 11,2 g Fett (50,5 E%), 11,2 g Kohlenhydrate (22,3 E%), 2,2 g Alkohol (7,4 E%)

01 Schalotten, Knoblauch und Ingwer schälen und fein würfeln. Zitronengras flach klopfen. Tomaten waschen und vierteln. Koriander waschen, trocken schütteln, Blättchen abzupfen und grob schneiden. Chili putzen, längs aufschneiden, entkernen, waschen und fein hacken.

02 Geöffnete Muscheln aussortieren. Geschlossene Muscheln unter fließendem kaltem Wasser gründlich waschen und gut abtropfen lassen.

03 Die Algennudeln in kochendem Salzwasser nach Packungsanweisung zubereiten.

04 Das Olivenöl in einem Topf erhitzen. Schalotten, Knoblauch, Ingwer und Zitronengras darin andünsten. Muscheln, Tomaten, Chili und die Hälfte des Korianders zugeben. Mit Wein ablöschen und mit Kokosmilch auffüllen.

05 Die Muscheln zugedeckt ca. 3 Minuten im Kokosmilchsud garen, bis sich alle Muscheln geöffnet haben. Muscheln, die sich nicht geöffnet haben, aussortieren. Den Muschelsud mit Salz, Pfeffer und 1 Prise Zucker würzen.

06 Die Nudeln abgießen, im Sieb abtropfen lassen und mit dem restlichen Koriander zu den Muscheln geben. Alles mit dem Limettensaft abschmecken und das Gericht sofort servieren.

Geflügellasagne mit Eier»nudel«platten

Für 4 Personen
Zubereitungszeit: 60 Minuten

- 6 Eier (Größe L)
- 400 g Hähnchenbrustfilet
- 2 Zwiebeln
- 1 EL Rapsöl
- 2 g getrockneter Basilikum
- 2 g getrockneter Oregano
- 400 g stückige Tomaten (Dose)
- 150 g Parmesan
- 150 g Frischkäse (20 % Fett)
- 300 ml Milch (1,5 % Fett)
- 1 EL Johannisbrotkernmehl
- 500 g Auberginen
- Salz, Pfeffer, Muskat

Komplettes Gericht mit Eiernudelplatten

1 Portion (ca. 550 g): 520 kcal, 55,9 g Eiweiß (43,6 E%), 27,2 g Fett (47 E%), 12,1 g Kohlenhydrate (9,4 E%)

01 Backofen auf 100° (Umluft) vorheizen.

02 Für die Lasagneplatten die Eier aufschlagen und verquirlen. Ein Backblech mit Backpapier auslegen und die Eiermasse möglichst gleichmäßig darauf verteilen. Das Backblech in den Ofen schieben und die Eimasse bei 100–120° ca. 8–10 Minuten stocken lassen. Zwischendurch immer wieder mal glatt streichen, damit eine gleichmäßige Platte entsteht. Die fertige Eiplatte aus dem Ofen nehmen und beiseitestellen. Nach dem Erkalten in 10 x 10 cm große Plattenstücke schneiden.

03 Anschließend die Backofentemperatur auf 160° (Umluft) erhöhen.

04 Die Hähnchenbrust waschen, trocken tupfen und fein würfeln. Die Zwiebeln schälen und fein würfeln. In einer heißen Pfanne mit Öl das Geflügelfleisch ca. 2–3 Minuten anbraten, dann die Zwiebeln dazugeben und alles nach Geschmack mit Salz, Pfeffer, Basilikum und Oregano würzen. Dann das Ganze mit den Tomaten ablöschen und alles weitere 6–8 Minuten einkochen lassen. Anschließend die Geflügelmischung beiseitestellen.

05 Für die Sauce nach Art Bechamel den Parmesan fein reiben und zusammen mit dem Frischkäse, der Milch und dem Johannisbrotkernmehl mit einem Mixstab verquirlen. Mit Salz und Pfeffer würzen.

06 Die Auberginen waschen, vom Strunk befreien und in dünne Scheiben schneiden.

07 In einer Auflaufform abwechselnd Eiplatten, Geflügelfleischsauce, Auberginenscheiben und Bechamelsauce schichten. Die letzte Schicht sollte Bechamelsauce sein.

08 Die Lasagne im Backofen (Mitte) ca. 25 Minuten backen.

Selbst gemachte Nudeln aus Kichererbsenmehl

Für 4 Personen
Zubereitungszeit: 30 Minuten
Ruhezeit: 60 Minuten

Für die Nudeln:
- 230 g Kichererbsenmehl
- 2 Eier (Größe L)
- 3 EL Olivenöl
- ½ TL Salz

Für das selbst gemachte Pesto:
- ½ Bund frische Petersilie oder Basilikum oder Kerbel
- 5 EL Olivenöl
- 50 g Parmesan
- Salz und Pfeffer aus der Mühle

Zutaten ohne Nudeln:

1 Portion (ca. 30 g): 160 kcal, 4 g Eiweiß (9,8 E%), 16,3 g Fett (89,7 E%), 0,2 g Kohlenhydrate (0,5 E%)

Komplettes Gericht mit selbst gemachten Kichererbsennudeln:

1 Portion (ca. 220 g): 450 kcal, 19,3 g Eiweiß (17 E%), 28,8 g Fett (57,7 E%), 28,6 g Kohlenhydrate (25,3 E%)

01 Für den Nudelteig alle Zutaten in eine Schüssel geben und zunächst mit einem Mixer verrühren. Anschließend mit den Händen einen Teig daraus kneten. Diesen in Frischhaltefolie einwickeln und für 1 Stunde in den Kühlschrank legen.

02 Zwischenzeitlich für das Pesto Kräuter nach Wahl mit dem Olivenöl und dem geriebenen Parmesan pürieren.

03 Den Teig nach der Ruhezeit in mehrere Portionen aufteilen und diese nacheinander auf einer bemehlten Arbeitsplatte (Kichererbsenmehl) mit einem Nudelholz ausrollen und in Streifen schneiden. Es entstehen kleine Bandnudeln. Wer bereits Erfahrung mit selbst gemachtem Nudelteig hat, kann nach Belieben auch eine andere Nudelform wählen.

04 In einem großen Topf Wasser zum Kochen bringen. Die Nudelstreifen hineingeben und ungefähr 5 Minuten kochen lassen. Nach dieser Zeit einen Nudelstreifen herausnehmen und probieren. Sie haben in etwa die Konsistenz von Spätzle. Wenn die Nudeln gar sind, in ein Sieb abgießen und mit etwas Olivenöl beträufeln, damit sie nicht zusammenkleben.

05 Die Nudeln im Pesto schwenken und mit Salz und Pfeffer abschmecken.

TIPPS: Die Nudeln schmecken auch sehr gut mit Tomatensauce. Da die Nudeln viel Flüssigkeit aufnehmen, mit reichlich Sauce servieren.

Die Energiedichte ist bei diesem Gericht vergleichsweise hoch. Mit einem großen bunten Salat schaffen Sie hier Abhilfe.

Spargelcremespaghetti mit gebratenen Forellenfilets und Bärlauchpesto

Für 4 Personen
Zubereitungszeit: 20 Minuten

- 4 Lachsforellenfilets (à 150 g)
- Saft von ½ Zitrone
- 700 g frischer Spargel
- 3 EL Rapsöl
- 2 EL Frischkäse
- 1 Bund Bärlauch
- 40 g Parmesan
- 40 g Pinienkerne
- Salz, Pfeffer

Zutaten ohne Nudeln:

1 Portion (ca. 220 g): 385 kcal, 35,1 g Eiweiß (36,5 E%), 26 g Fett (61,4 E%), 2 g Kohlenhydrate (2,1 E%)

Komplettes Gericht mit Nudeln aus dem angegebenen Gemüse:

1 Portion (ca. 370 g): 410 kcal, 38,1 g Eiweiß (37,1 E%), 26,3 g Fett (58 E%), 5,1 g Kohlenhydrate (4,9 E%)

01 Die Lachsforellenfilets waschen, mit Salz und Pfeffer würzen und mit Zitronensaft beträufeln.

02 Den Spargel schälen und ca. 1 cm des Stielansatzes entfernen. Die Spargelstangen in feine Streifen schneiden.

03 Die Fischfilets in einer heißen Pfanne mit 1 EL Rapsöl von beiden Seiten jeweils 2–3 Minuten anbraten.

04 Die Spargelstreifen in einer weiteren Pfanne mit 1 EL Rapsöl von allen Seiten 2–3 Minuten anbraten und dann nach Geschmack mit Salz und Pfeffer würzen. Am Ende der Garzeit den Frischkäse unterrühren.

05 Den Bärlauch waschen und zusammen mit dem restlichen Rapsöl, Parmesan und Pinienkernen mit einem Stabmixer zerkleinern.

06 Zum Servieren die Lachsforellenfilets zusammen mit dem Spargel und dem Pesto auf Tellern anrichten.

Rote-Bete-Nudeln mit Mozzarella

Für 4 Personen
Zubereitungszeit: 30 Minuten

- 20 Kirschtomaten
- 4 EL Olivenöl
- 4 rohe große Rote Bete (ca. 800 g)
- 250 g kleine Mozzarellakugeln
- 3 Knoblauchzehen
- 1 TL gehackte Petersilie
- Salz, Pfeffer

Zutaten ohne Nudeln:

1 Portion (ca. 140 g): 270 kcal, 11,6 g Eiweiß (17,3 E%), 23,3 g Fett (76,9 E%), 3,9 g Kohlenhydrate (5,8 E%)

Komplettes Gericht mit Nudeln aus dem angegebenen Gemüse:

1 Portion (ca. 290 g): 330 kcal, 13,8 g Eiweiß (16,9 E%), 23,4 g Fett (63,5 E%), 16 g Kohlenhydrate (19,6 E%)

01 Den Backofen auf 200° (Umluft) vorheizen. Die Tomaten auf ein Backblech geben, mit etwas Olivenöl beträufeln und mit Salz und Pfeffer würzen. In den Ofen geben und 15 Minuten backen.

02 Die Enden der Roten Beten abschneiden, danach schälen. Diese mit einem Spiralschneider zu Nudeln schneiden, auf ein Backblech geben, ebenfalls mit etwas Olivenöl beträufeln, großzügig mit Salz und Pfeffer würzen und alles gut durchmischen.

03 Das Blech mit den Nudeln 5 Minuten nach den Tomaten in den Ofen geben und das Ganze zunächst 2 Minuten lang backen lassen. Die Mozzarellakugeln auf die Nudeln geben. Weitere 5–6 Minuten im Ofen lassen, bis der Käse geschmolzen ist und die Nudeln etwas dunkler geworden sind.

04 Den Knoblauch schälen und in feine Scheiben schneiden. Diese nach 10 Minuten zu den Tomaten geben.

05 Die Nudeln aus dem Ofen nehmen, in eine Schüssel geben und mit den Tomaten vermischen. Anschließend das Gericht auf Tellern anrichten und mit der Petersilie garnieren.

TIPP: Verwenden Sie bei der Verarbeitung von Roter Bete am besten Handschuhe. Der Farbstoff lässt sich sehr schlecht wieder von den Händen entfernen.

Zucchininudeln mit Rosenkohl-Serrano-Ziegenkäse-Sauce

Für 4 Personen
Zubereitungszeit: 30 Minuten

- 600 g Rosenkohl
- 1 Bio-Zitrone
- 1 rote Chilischote
- 1 Schalotte
- 100 g Serranoschinken
- 3 EL Olivenöl
- 50 ml Gemüsebrühe
- 150 g Ziegenfrischkäse
- 700 g Zucchini
- Salz, Pfeffer, frischer Muskat

Zutaten ohne Nudeln:

1 Portion (ca. 225 g): 240 kcal, 16,7 g Eiweiß (28,2 E%), 16 g Fett (61,3 E%), 6,2 g Kohlenhydrate (10,5 E%)

Komplettes Gericht mit Nudeln aus dem angegebenen Gemüse:

1 Portion (ca. 375 g): 270 kcal, 19,7 g Eiweiß (29,6 E%), 16,4 g Fett (56 E%), 9,6 g Kohlenhydrate (14,4 E%)

01 Den Rosenkohl waschen, den Strunk unten etwas abschneiden und die äußeren Blätter entfernen. Danach die Röschen vierteln und in einem Topf mit kochendem Salzwasser etwa 5–6 Minuten bissfest kochen.

02 Währenddessen die Zitrone heiß waschen und die Schale mit einer feinen Reibe abraspeln. Die Chilischote waschen, entkernen und in feine Streifen schneiden. Die Schalotte schälen und fein würfeln. Den Serranoschinken ebenfalls fein würfeln.

03 In einer großen Pfanne 1 EL Olivenöl erhitzen. Schalotte, Chili, Zitronenabrieb und den Serranoschinken darin anbraten, bis der Schinken kross ist. Danach den gegarten Rosenkohl in die Pfanne geben, das Ganze mit Gemüsebrühe ablöschen und den Ziegenfrischkäse unterrühren. Die Zitrone auspressen und die Sauce nach Geschmack mit Zitronensaft, Salz, Pfeffer und frischem Muskat würzen.

04 Die Zucchini waschen, putzen und mit einem Sparschäler oder einem Spiralschneider in Nudelform bringen. In einer Pfanne das restliche Öl heiß werden lassen und die Zucchininudeln 2–3 Minuten darin garen. Mit Salz würzen.

05 Die Zucchininudeln anschließend in tiefen Tellern anrichten und die Sauce darüber geben.

Möhrennudeln mit Spargel, Linsenfrikadellen und Limettencreme

Für 4 Personen
Zubereitungszeit: 45 Minuten

- 1 kg grüner Spargel

Für die Limettencreme:

- 2 Limetten
- 200 g Schmand
- Salz, Paprikapulver, Pfeffer

Für die Linsenfrikadellen:

- 150 g rote Linsen
- 1 Frühlingszwiebel
- 3 Stängel glatte Petersilie
- 20 g Haselnüsse
- 1 TL Currypulver
- 1 TL Kreuzkümmel
- 2 Eier (Größe M)
- 2 EL Sesamsamen
- 2 EL Rapsöl
- Salz, Pfeffer

Für die Möhrennudeln:

- 700 g Möhren
- 2 EL Olivenöl
- Salz, Pfeffer

Zutaten ohne Nudeln:

1 Portion (ca. 350 g): 465 kcal, 20,5 g Eiweiß (17,8 E%), 29,3 g Fett (57,8 E%), 28,1 g Kohlenhydrate (24,4 E%)

Komplettes Gericht mit Nudeln aus dem angegebenen Gemüse:

1 Portion (ca. 500 g): 515 kcal, 21,8 g Eiweiß (17,1 E%), 29,6 g Fett (52,7 E%), 38,3 g Kohlenhydrate (30,1 E%)

01 Den Backofen auf 120° (Umluft) vorheizen. Den Spargel im unteren Drittel schälen, die holzigen Enden entfernen und die Spargelstangen in 2 cm große Stücke schneiden.

02 Die Limetten auspressen. Den Limettensaft mit dem Schmand in einer Schüssel verrühren. Salz und Paprikapulver unterrühren, mit Pfeffer abschmecken und die Limettencreme beiseitestellen.

03 Die roten Linsen unter kaltem Wasser gut abspülen. Dann für ca. 10 Minuten in ca. 1 l Salzwasser kochen. Danach abgießen und gut abtropfen lassen.

04 Die Frühlingszwiebel waschen, putzen und klein schneiden. Petersilienstängel waschen, gut abtropfen lassen und die Blätter abzupfen. In einem hohen Gefäß Frühlingszwiebeln, Petersilienblätter, Haselnüsse, Gewürze, Eier und gekochte Linsen grob pürieren. Die Masse zu Frikadellen formen, mit Sesam bestreuen und auf ein mit Backpapier ausgelegtes Backblech legen. Anschließend im vorgeheizten Backofen von beiden Seiten für jeweils 15 Minuten trocknen lassen.

05 Den Spargel im kochenden Wasser für 8–10 Minuten garen, bis dieser verzehrfertig ist.

06 Die Möhren schälen und mit einem Spiralschneider oder Sparschäler zu feinen Bandnudeln formen. Diese in einer Pfanne mit Olivenöl ca. 2 Minuten garen. Danach salzen und pfeffern.

07 Die Linsenfrikadellen in einer flachen Pfanne mit etwas Rapsöl von beiden Seiten anbraten. Vorsicht, Sesam brennt schnell an!

08 Zum Servieren die Möhrenbandnudeln, den Spargel und die Linsenfrikadellen auf Tellern anrichten und mit der Limettencreme garnieren.

Gurken-Möhren-Nudeln mit Südseedressing

Für 4 Personen
Zubereitungszeit: 20 Minuten

Für die Gurkennudeln:
- 600 g Gurken
- 200 g Möhren

Für das Dressing:
- 1 Knoblauchzehe
- Saft von ½ Zitrone
- 50 ml Sojasauce
- 1 EL Sesamöl
- ½ TL frisch geraspelter Ingwer
- etwas Chilisauce
- 1 TL Honig

Für die Garnitur:
- frischer Koriander
- Chiliflocken

Zutaten ohne Nudeln:

1 Portion (ca. 25 g): 40 kcal, 1,2 g Eiweiß (12,9 E%), 2,5 g Fett (59,5 E%), 2,6 g Kohlenhydrate (27,6 E%)

Komplettes Gericht mit Nudeln aus dem angegebenen Gemüse:

1 Portion (ca. 175 g): 65 kcal, 2,2 g Eiweiß (14,1 E%), 2,8 g Fett (39,6 E%), 7,3 g Kohlenhydrate (46,3 E%)

01 Die Gurken mit einem Spiralschneider zu Nudeln schneiden. Dabei das verbleibende Mittelstück nicht mitverarbeiten. Dann die Möhren waschen, schälen und ebenso schneiden. Gurken- und Möhrennudeln in eine Schüssel geben.

02 Für das Dressing die dafür angegebenen Zutaten mischen und anschließend über die Nudeln geben und vorsichtig vermengen.

03 Koriander waschen, trocken schütteln, von den Stielen befreien und in feine Blätter zupfen.

04 Den Salat zum Servieren auf Tellern anrichten und mit dem Koriander und Chiliflocken garnieren.

TIPP: **Dieses Nudelgericht passt gut zu gegrilltem Fleisch, Fisch oder Geflügel.**

Kohlrabispaghetti mit Lachswürfeln

Für 4 Personen
Zubereitungszeit: 25 Minuten

- 600 g Lachsfilet (ohne Haut)
- Saft von 1 Zitrone
- 900 g Kohlrabi
- 2 rote Zwiebeln
- 1 Knoblauchzehe
- 2 EL Olivenöl
- 100 ml Gemüsebrühe
- 2 EL Crème fraîche Kräuter
- Salz, Pfeffer, geschroteter schwarzer Pfeffer

Zutaten ohne Nudeln:

1 Portion (ca. 225 g): 350 kcal, 30,5 g Eiweiß (35,1 E%), 23,9 g Fett (62,3 E%), 2,3 g Kohlenhydrate (2,7 E%)

Komplettes Gericht mit Nudeln aus dem angegebenen Gemüse:

1 Portion (ca. 375 g): 385 kcal, 33,4 g Eiweiß (34,8 E%), 24,1 g Fett (57 E%), 7,9 g Kohlenhydrate (8,2 E%)

01 Die Lachsfilets waschen, trocken tupfen, in 2 cm große Würfel schneiden und mit Salz, Pfeffer und Zitronensaft würzen.

02 Den Kohlrabi schälen und mit einem Gemüsespiralschneider oder Gemüsespitzer in Spaghettiform bringen. Die Zwiebeln schälen, halbieren und in dünne Streifen schneiden. Den Knoblauch ebenfalls schälen und fein würfeln.

03 In einer heißen Pfanne die Zwiebelstreifen in Olivenöl ca. 2–3 Minuten anbraten. Die Kohlrabispaghetti dazugeben und weitere 2–3 Minuten mitbraten. Das Ganze mit der Gemüsebrühe ablöschen und Crème fraîche zugeben. Mit Salz und Pfeffer abschmecken.

04 Die Lachswürfel in die Kohlrabimischung legen, vorsichtig unterheben und das Gericht weitere 3–4 Minuten fertig garen. Das Gericht zum Servieren mit geschrotetem Pfeffer bestreuen.

Kürbisspaghetti mit Forellenfilets

Für 4 Personen
Zubereitungszeit: 45 Minuten

- 1 kg Kürbis (Spaghettikürbis)
- 1 Salatgurke
- 80 g Cashewkerne
- 3 EL Kokosöl
- 400 g Forellenfilets (küchenfertig)
- 4 EL Schmand
- Muskat, Salz und Pfeffer

Zutaten ohne Nudeln:

1 Portion (ca. 210 g): 365 kcal, 27,1 g Eiweiß (29,7 E%), 25,6 g Fett (63,4 E%), 6,3 g Kohlenhydrate (6,9 E%)

Komplettes Gericht mit Nudeln aus dem angegebenen Gemüse:

1 Portion (ca. 360 g): 405 kcal, 28,6 g Eiweiß (28,1 E%), 25,6 g Fett (56,9 E%), 15,3 g Kohlenhydrate (15 E%)

01 Den Spaghettikürbis vom Stielansatz befreien und den Kürbis dann ca. 20–25 Minuten in Salzwasser kochen. Danach halbieren und entkernen, sodass sich das spaghettiartige Fruchtfleisch mit einer Gabel ganz leicht herausziehen lässt. Dieses beiseitestellen.

02 Die Gurke schälen, längs halbieren und in feine Halbmonde schneiden.

03 Die Cashewkerne grob hacken und ohne Fett in einer Pfanne ca. 1–2 Minuten anrösten. Anschließend herausnehmen und beiseitestellen.

04 Die Forellenfilets waschen, trocken tupfen und in feine Streifen schneiden.

05 Kokosöl in einer Pfanne erhitzen und die Gurken darin für etwa 3–4 Minuten anbraten. Die Forellenfilets dazugeben und alles zusammen weitere 2–3 Minuten fertig braten. Mit Muskat, Salz und Pfeffer abschmecken. Kurz vor Ende der Garzeit vorsichtig den Schmand und die Kürbisspaghetti unterheben.

06 Vor dem Servieren das Gericht mit den Cashewkernen bestreuen.

Gesunde Ernährung rund um die LOGI-Methode und LOGI-Low-Carb

BESTSELLER · SPIRALO

Glücklich und schlank.
Mit viel Eiweiß und dem richtigen Fett. Das komplette LOGI-Basiswissen. Mit umfangreichem Rezeptteil.
Dr. Nicolai Worm
978-3-942772-96-9 **19,99 €**

BESTSELLER · SPIRALO

Das große LOGI-Kochbuch.
120 raffinierte Rezepte zur Ernährungsrevolution von Dr. Nicolai Worm. Mit exklusiven LOGI-Kompositionen der Spitzenköche Alfons Schuhbeck, Vincent Klink, Ralf Zacherl, Christian Henze und Andreas Gerlach.
Franca Mangiameli
978-3-942772-79-2 **19,99 €**

BESTSELLER · SPIRALO

Das neue große LOGI-Kochbuch.
120 neue Rezepte – auch für Desserts, Backwaren und vegetarische Küche. Jede Menge LOGI-Tricks und die klügsten Alternativen zu Pizza, Pommes und Pasta.
Franca Mangiameli | Heike Lemberger
978-3-942772-88-4 **19,99 €**

SPIRALO

Abnehmen lernen. In nur zehn Wochen!
Das intelligente LOGI-Power-Programm zur dauerhaften Gewichtsreduktion. Mit diesem Tagebuch werden Sie Ihr eigener LOGI-Coach!
Heike Lemberger
Franca Mangiameli **15,99 €**
978-3-942772-59-4 ~~18,99 €~~

BESTSELLER

Das große LOGI-Back- und Dessertbuch.
Über 100 raffinierte Dessertrezepte, die Sie niemals für möglich gehalten hätten. So macht Leben nach LOGI noch mehr Spaß! Mit ausführlichem Stevia-Extrakapitel.
Franca Mangiameli | Heike Lemberger
978-3-927372-66-5 **19,95 €**

Das große LOGI-Grillbuch.
120 heiß geliebte Grillrezepte rund um Gemüse, Fisch und Fleisch. Ein Fest für LOGI-Freunde.
Heike Lemberger
Franca Mangiameli **15,99 €**
978-3-942772-12-9 ~~18,00 €~~

Das große LOGI-Fischkochbuch.
Köstliche Gerichte mit Fisch und Meeresfrüchten aus heimischen Gewässern und aus aller Welt.
S. Thiel | A. Fischer **15,99 €**
978-3-942772-07-5 ~~19,99 €~~

SPIRALO

Vegetarisch kochen mit der LOGI-Methode.
LOGI ohne Fisch und Fleisch? Na klar! 80 innovative und kreative LOGI-Veggie-Rezepte. Wenige Kohlenhydrate – glutenfrei! Mit vielen veganen Rezeptalternativen.
Susanne Thiel | Dr. Nicolai Worm
978-3-942772-89-1 **19,99 €**

NEU

Das große LOGI-Fanbuch.
Erfolgsgeschichten, Rezepte, Tipps und Tricks von Fans für Fans der LOGI-Methode.
978-3-95814-079-0 **19,99 €**

Leicht abnehmen! Geheimrezept Eiweiß.
Gewicht verlieren mit Eiweiß und Formula-Mahlzeiten. Und dann: gesund und schlank auf Dauer mit LOGI.
Dr. Hardy Walle | Dr. Nicolai Worm
978-3-95814-009-7 **19,99 €**

Leicht abnehmen! Das Rezeptbuch.
Gewicht verlieren mit Eiweiß und Formula-Mahlzeiten. Und für danach: 70 einfache und abwechslungsreiche LOGI-Rezepte.
Dr. Hardy Walle
978-3-927372-40-5 **12,95 €**

NEU

LOGI. Das Buch.
Das Beste aus 15 Jahren LOGI. 300 Rezepte, Theorie und Tipps.
978-3-95814-026-4 **30,00 €**

Eiweiß-Guide.
Tabellen mit über 500 Lebensmitteln bewertet nach ihrem Eiweißgehalt und ausgewählten Aminosäuren.
Franca Mangiameli | Heike Lemberger
Dr. Nicolai Worm
978-3-942772-64-8 **9,99 €**

Fett Guide.
Wie viel Fett ist gesund? Welches Fett wofür? Tabellen mit über 500 Lebensmitteln, bewertet nach ihrem Fettgehalt und ihrer Fettqualität.
Heike Lemberger | Ulrike Gonder
Dr. Nicolai Worm **7,49 €**
978-3-942772-09-9 ~~9,99 €~~

BESTSELLER

LOGI-Guide.
Tabellen mit über 500 Lebensmitteln, bewertet nach ihrem glykämischen Index und ihrer glykämischen Last.
Franca Mangiameli
Dr. Nicolai Worm | Andra Knauer
978-3-942772-02-0 **6,99 €**

Die LOGI-Kochkarten.
Die besten LOGI-Rezepte. Einfallsreich, einfach, preiswert.
978-3-942772-54-9 **12,99 €**

SPIRALO

Das große LOGI-Familienkochbuch.
Die LOGI-Ernährungsmethode für die ganze Familie in Theorie und Praxis. Mit 100 tollen Rezepten, die auch Kindern schmecken.
Marianne Botta | Dr. Nicolai Worm
978-3-95814-016-5 **19,99 €**

Der LOGI-Muskel-Coach.
Die ultimative Sporternährung für Muskelaufbau und Ausdauertraining.
Dr. Torsten Albers | Dr. Nicolai Worm
Kirsten Segler
978-3-942772-13-6 **19,99 €**

Mehr vom Sport! Low-Carb und LOGI in der Sporternährung.
Unter Mitwirkung zahlreicher Spitzensportler: Boxweltmeister Felix Sturm, Schwimmprofi Mark Warnecke, Leichtathlet Danny Ecker und viele mehr.
Clifford Opoku-Afari | Dr. Nicolai Worm
Heike Lemberger
978-3-927372-41-2 **19,95 €**

FÜR FACHKREISE

LOGI und Low Carb in der Sporternährung.
Glykämischer Index und glykämische Last – Einfluss auf Gesundheit und körperliche Leistungsfähigkeit.
Jan Prinzhausen
978-3-927372-30-6 **24,90 €**

Bauch, Beine, Po – das LOGI-Workout für Frauen. (DVD)
Inklusive ausführlichem Booklet.
M. Maier | Dr. N. Worm **8,99 €**
978-3-927372-98-6 ~~14,95 €~~

#POWERFÜRDICH. (DVD)
Trainiert, schlank & sexy.
Das 12-Wochen-Programm von Promi-Trainer Cliff.
Clifford Opoku-Afari
978-3-95814-010-3 **14,99 €**

LOGI im Alltag, in der Praxis und in der Klinik.
Andra Knauer **6,99 €**
978-3-942772-31-0 ~~8,99 €~~

SPIRALO

Die LOGI-Jubiläumsbox.
10 erfolgreiche, glückliche und schlanke Jahre mit der LOGI-Methode. Enthält DIE drei Standardwerke rund um die LOGI-Methode zum Jubiläumspreis.
- Glücklich und schlank.
- Das große LOGI-Kochbuch.
- Das neue große LOGI-Kochbuch.

Dr. Nicolai Worm | Franca Mangiameli
Heike Lemberger
978-3-927372-68-9 **50,00 €**
(erhältlich solange der Vorrat reicht)

Noch mehr LOGI.
Die LOGI-Fisch-, -Back- und -Grillbox. Über 400 raffinierte Rezepte. Die Box beinhaltet:
- das große LOGI-Fischkochbuch
- das große LOGI-Grillbuch,
- das große LOGI-Back- und -Dessertbuch

Heike Lemberger | Franca Mangiameli
Susanne Thiel | Andreas Fischer
978-3-942772-48-8 **45,00 €**
(erhältlich solange der Vorrat reicht)

FLIP CHART TISCHAUFSTELLER

LOGI durch den Tag.
Kombinieren Sie Ihren LOGI-Abnehmplan aus 50 Frühstücken, 50 Mittagessen und 50 Abendessen. Maximale Sättigung mit weniger als 1.600 Kalorien und 80 Gramm Kohlenhydraten pro Tag!
Franca Mangiameli
978-3-95814-007-3 **24,99 €**

FLIP CHART TISCHAUFSTELLER

Das LOGI-Menü.
Logisch kombiniert: 50 Vorspeisen, 50 Hauptgerichte, 50 Desserts.
Franca Mangiameli
978-3-95814-006-6 **24,99 €**

FLIP CHART TISCHAUFSTELLER · FÜR FACHKREISE

Die LOGI-Akademie.
LOGI lehren – LOGI verstehen. Ein Leitfaden zur Patientenschulung und zum Selbststudium.
Franca Mangiameli **34,99 €**
978-3-927372-59-7 ~~48,00 €~~

NEU

HappyCarb: Meine liebsten Low-Carb-Rezepte.
HappyCarb-Bloggerin Bettina Meiselbach verrät uns ihre 150 »Erfolgsrezepte« für mehr Gesundheit und Genuss.
Bettina Meiselbach
978-3-95814-075-2 **19,99 €**

NEU

HappyCarb: Diabetes Typ 2 – nicht mit mir!
Erfolgsbloggerin Bettina Meiselbach verrät ihr persönliches Low-Carb-Geheimnis gegen den Diabetes. Mit 30 inspirierenden Rezeptideen.
Bettina Meiselbach
978-3-95814-062-2 **19,99 €**

NEU

Die Low-Carb-Alltagsküche.
110 Koch- und Backrezepte, die JEDER kann.
Beate Strecker
978-3-95814-034-9 **19,99 €**

Das Fastenbuch.
Die besten Fastenkuren für jeden Typ.
Anna Cavelius
978-3-927372-85-6 **19,99 €**

NEU

Vegan Detoxfasten.
Das 7-Tage-Programm zur Regulation des Säure-Basen-Haushaltes.
Anna Cavelius
978-3-942772-97-6 **8,99 €**

Endlich schlank ohne Diät.
Erfolgreich abnehmen ohne Jo-Jo-Effekt und Kalorienzählen - nach dem LOGI-Erfolgsprinzip von Dr. Nicolai Worm.
Anna Cavelius **7,49 €**
978-3-942772-10-5 ~~9,99 €~~

systemed Küchenratgeber

Low-Carb – Low-Budget.
Kohlenhydratbilanzierte Küche für den kleinen Geldbeutel.
Wolfgang Link | Dr. med. Jürgen Voll
978-3-942772-65-5 **8,99 €**

Low-Carb unterwegs.
40 Rezepte für die Reise und zum Mitnehmen.
Franca Mangiameli | Heike Lemberger
978-3-942772-66-2 **8,99 €**

Low-Carb vegan.
40 Rezepte ohne tierische Lebensmittel.
Franca Mangiameli | Heike Lemberger
978-3-942772-68-6 **8,99 €**

Low-Carb in 15 Minuten.
40 »leichte« Schnellrezepte zum Genießen.
Wolfgang Link
978-3-942772-75-4 **8,99 €**

Low-Carb-Powerwoche.
In 7 Tagen Vitalität gewinnen und Gewicht verlieren.
Wolfgang Link | Dr. med. Jürgen Voll
978-3-942772-87-7 **8,99 €**

Low-Carb in der Schwangerschaft.
Gesundheit mit wenig Kohlenhydraten für Mutter und Baby.
Annett Schmittendorf
978-3-942772-72-3 **8,99 €**

NEU

Low-Carb-Feierabendküche.
5 Zutaten – 15 Minuten – 40 Rezepte.
Wolfgang Link
978-3-95814-059-2 **8,99 €**

NEU

Low-Carb-Nudelküche.
40 köstliche echte Pastarezepte mit wenig Kohlenhydraten.
Wolfgang Link
978-3-95814-047-9 **8,99 €**

Low-Carb für Sportler.
30 kohlenhydratreduzierte Gerichte für den Sportler.
Wolfgang Link | Dr. med. Jürgen Voll
978-3-942772-91-4 **8,99 €**

Low-Carb-Desserts.
40 Desserts mit wenig Kohlenhydraten.
Wolfgang Link
978-3-942772-95-2 **8,99 €**

Low-Carb-Pfannengerichte.
40 Rezepte für die schnelle Pfanne mit wenig Kohlenhydraten.
Wolfgang Link
978-3-942772-93-8 **8,99 €**

Low-Carb bei Nahrungsmittelunverträglichkeit.
30 Rezepte bei Laktoseintoleranz/Fruktoseintoleranz/Zöliakie.
W. Link | Dr. med. J. Voll
978-3-942772-74-7 **4,99 €** ~~7,99 €~~

Low-Carb für den Hund.
Artgerechte Hundeernährung mit wenig Kohlenhydraten – Wissen, Tipps und Rezepte.
Ursula Bien
978-3-95814-011-0 **8,99 €**

Low-Carb vegetarisch.
40 vegetarische Rezepte ohne Fisch und Fleisch.
Wolfgang Link
978-3-95814-005-9 **8,99 €**

Low-Carb-Suppen.
40 Suppen und Eintöpfe zum einfachen Nachkochen.
Manuela Oehninger Suter
978-3-95814-004-2 **8,99 €**

NEU

Low-Carb für Einsteiger.
32 Rezepte mit zahlreichen Varianten für den Start in eine kohlenhydratarme Ernährung.
Manuela Oehninger Suter
978-3-95814-048-6 **8,99 €**

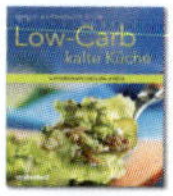

Low-Carb kalte Küche.
40 kohlenhydratarme Rezepte ohne zu kochen.
Manuela Oehninger Suter
978-3-95814-021-9 **8,99 €**

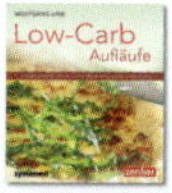

Low-Carb-Aufläufe.
40 kohlenhydratarme Rezepte aus dem Ofen & Wissenswertes zu Auflaufformen.
Wolfgang Link
978-3-95814-022-6 **8,99 €**

Low-Carb-Backen für den Alltag.
22 kohlenhydratarme, einfache und 100% funktionierende Rezepte für Kuchen und Kekse.
Beate Strecker
978-3-95814-033-2 **8,99 €**

NEU

Low-Carb-Weihnachtsbäckerei.
20-mal Kekse, Gebäck und Kuchen zur Weihnachtszeit.
Beate Strecker
978-3-95814-043-1 **8,99 €**

NEU

Low-Carb für Diabetiker.
29 kohlenhydratarme Rezepte zur Blutzuckerregulation.
Wolfgang Link | Dr. Jürgen Voll
978-3-95814-045-5 **8,99 €**

NEU

Low-Carb-Frühstück.
40 abwechslungsreiche Frühstücksideen mit wenig Kohlenhydraten.
Wolfgang Link
978-3-95814-046-2 **8,99 €**

NEU

Low-Carb mediterran.
40 Rezepte aus der beliebten Mittelmeerküche.
Manuela Oehninger Suter
978-3-95814-055-4 **8,99 €**

Ketogene Ernährung

BEST-SELLER

Krebszellen lieben Zucker – Patienten brauchen Fett.
Gezielt essen für mehr Kraft und Lebensqualität bei Krebserkrankungen.
Prof. Ulrike Kämmerer
Dr. Christina Schlatterer | Dr. Gerd Knoll
978-3-927372-90-0 **24,99 €**

NEU

Ketogene Ernährung bei Krebs.
Die besten Lebensmittel bei Tumorerkrankungen.
Prof. Ulrike Kämmerer
Dr. Christina Schlatterer | Dr. Gerd Knoll
978-3-95814-037-0 **14,99 €**

KetoKüche für Einsteiger: Rezepte & Kraftshakes.
50 ketogene Rezepte, die schmecken.
Dorothee Stuth | Ulrike Gonder
978-3-942772-42-6 **14,99 €**

KetoKüche zum Genießen.
Mit gesunden Gewürzen und Kokosnuss. Über 100 ketogene Rezepte für Genießer.
Bettina Matthaei | Ulrike Gonder
978-3-942772-44-0 **19,99 €**

NEU

KetoKüche mediterran.
90 kohlenhydratarme Gerichte rund um das Mittelmeer.
Bettina Matthaei | Ulrike Gonder
978-3-95814-044-8 **19,99 €**

JETZT ALS PAPERBACK

Stopp Alzheimer!
Wie Demenz vermieden und behandelt werden kann.
Dr. Bruce Fife
978-3-942772-86-0 **20,00 €** ~~24,99 €~~

Stopp Alzheimer! Praxisbuch.
Wie Demenz vermieden und behandelt werden kann. Mit zahlreichen Rezepten, Mental-Test sowie Warenkunde und Kohlenhydrattabellen.
Dr. Bruce Fife
978-3-942772-27-3 **12,99 €**

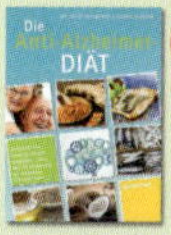

NEU

Die Anti-Alzheimer-Diät.
Alzheimer und Demenz einfach wegessen – oder: Wie die Ernährung vor Alzheimer schützen kann.
Dr. Peter Heilmeyer | Ulrike Gonder
978-3-95814-070-7 **15,99 €**

Das angesagte, Ernährungsthema im systemed Verlag: Gezielt essen bei Krebserkrankungen, Alzheimer und Demenz mit ketogener Ernährung.

Das Beste aus der Kokosnuss.
Natives Bio-Kokosöl und Bio-Kokosmehl.
Ulrike Gonder
978-3-942772-56-3 **4,99 €**

Kokosöl (nicht nur) fürs Hirn!
Wie das Fett der Kokosnuss helfen kann, gesund zu bleiben und das Gehirn vor Alzheimer und anderen Schäden zu schützen.
Ulrike Gonder
978-3-942772-38-9 **5,99 €**

Positives über Fette und Öle.
Warum gute Fette und Öle so wichtig für uns sind.
Ulrike Gonder
978-3-942772-57-0 **4,99 €**

Alle 3 Bücher im Paket
978-3-942772-55-6 **12,00 €**

KetoKüche kennenlernen.
Die ketogene Ernährung in Theorie und Praxis.
Ulrike Gonder | Anja Leitz
978-3-942772-80-8 **8,99 €**

Praxisbroschüre Rezepte zur Unterstützung einer ketogenen Ernährung für Krebspatienten.
Prof. Ulrike Kämmerer | Nadja Pfetzer
(erhältlich nur beim Verlag) **6,90 €**

systemed verlag

Ernährung, Gesundheit, Lifestyle, Wellness

Pur – weiß – tödlich.
Warum der Zucker uns umbringt – und wie wir das verhindern können.
Prof. John Yudkin | Prof. Robert Lustig
978-3-942772-41-9 14,99 €

JETZT ALS PAPERBACK

Kräuter & Gewürze als Medizin.
Gesund und schlank mit Vitalkräften aus der Apotheke der Natur.
Klaus Oberbeil
978-3-942772-92-1 15,00 € ~~19,95 €~~

Fit mit 100.
Jung bleiben, länger leben.
- Ein Leben lang schlank & glücklich.
- Programme für Körper und Seele.
- 100 wertvolle Ernährungstipps.

Klaus Oberbeil
978-3-927372-93-1 14,99 €

Warum Fische nie dick werden.
Jung & schlank mit Meeresfrüchten, Omega-3-Fettsäuren, Algen und Jod.
Klaus Oberbeil | Patrick Coudert
978-3-942772-71-6 9,99 €

Der Gen-Code.
Das Geheimnis der Epigenetik – wie wir mit Ernährung und Bewegung unsere Gene positiv beeinflussen können.
Dr. Ulrich Strunz
978-3-942772-01-3 14,99 €

Yes, I can!
Erfolgreich schlank in 365 Schritten.
Dr. Ilona Bürgel
978-3-927372-51-1 4,99 € ~~15,00 €~~

Das Myoreflexkonzept.
Schmerzfrei mit aktiven Muskeln.
Dr. med. E. Jörg | P. Kensok
978-3-942772-49-5 13,99 € ~~19,99 €~~

Gesund durch Stress!
Wer reizvoll lebt, bleibt länger jung!
Hans-Jürgen Richter
Dr. Peter Heilmeyer
978-3-927372-42-9 4,99 € ~~15,95 €~~

NEU

Happy-Hippie-Cooking Ibiza.
72 Rezepte, die auf Konventionen pfeifen. Love & Peace an der Pfanne.
Elke Clörs
978-3-95814-025-7 19,99 €

Ich habe so lange auf Dich gewartet!
Der lange Weg durch die Kinderwunschtherapie. Ein Tagebuch – ärztlich kommentiert und ergänzt – über Hoffnungen, Misserfolge, Wegbegleiter und das Wunschkind.
Prof. M. Ludwig | Maileen L.
978-3-942772-11-2 9,59 € ~~15,99 €~~

Mut zur Trennung.
Plädoyer für eine mutige und produktive Entscheidung – Kinder brauchen Aufrichtigkeit.
Jutta Martha Beiner
978-3-942772-47-1 9,59 € ~~15,99 €~~

Homöopathie – sanfte Heilkunst für Babys und Kinder.
Homöopathische Behandlung im Alltag.
Angelika Szymczak
978-3-927372-49-8 5,99 € ~~19,95 €~~

BESTSELLER

Mehr Fett!
Warum wir mehr Fett brauchen, um gesund und schlank zu sein.
U. Gonder | Dr. N. Worm
978 3 927372-54-2 13,99 € ~~19,95 €~~

NEU

Wechseljahre-Irrtümer.
Wie uns falsche Vorstellungen und Fehlinformationen davon abhalten, auch diese Lebensphase zu genießen.
Ulrike Gonder
978-3-95814-056-1 15,99 €

Volkskrankheit Fettleber.
Verkannt – verharmlost – heilbar.
Dr. Nicolai Worm | Kirsten Segler
978-3-942772-78-5 16,99 €

BESTSELLER

Stopp Diabetes!
Raus aus der Insulinfalle mit der LOGI-Methode.
Katja Richert | Ulrike Gonder
978-3-927372-56-6 16,95 €

Stopp Diabetes! Praxisbuch.
Ernährungs- und Bewegungspläne. LOGI-Methode.
Ein besseres Leben mit Diabetes.
Katja Richert
978-3-942772-08-2 16,99 €

Allergien vorbeugen.
Schwangerschaft und Säuglingsalter sind entscheidend!
Dr. I. Reese | Chr. Schäfer
978-3-927372-50-4 9,99 € ~~14,95 €~~

Campus Food.
Vegane Studentenküche.
Anne Bühring | Kurt-Michael Westermann
978-3-942772-21-1 12,00 €

Ethisch Essen mit Fleisch.
Eine Streitschrift über nachhaltige und ethische Ernährung mit Fleisch und die Missverständnisse und Risiken einer streng vegetarischen und veganen Lebensweise.
Lierre Keith | Ulrike Gonder
978-3-927372-87-0 14,99 €

Gute Kohlenhydrate – schlechte Kohlenhydrate.
Pfunde verlieren und Energie tanken.
Barbara Plaschka | Petra Linné
978-3-927372-81-8 12,95 €

66 Ernährungsfallen … und wie sie mit Low-Carb zu vermeiden sind.
- in typischen Alltagssituationen
- für Büro und Freizeit
- mit Einkaufsführer im Supermarkt
- mit ausführlichem Restaurant-Guide

Barbara Plaschka | Petra Linné
978-3-927372-55-9 15,95 €

Low-Carb für Männer. Ein Mann – (k)ein Bauch.
Jetzt noch übersichtlicher – mit komplett überarbeiteter Kohlenhydrattabelle zum Nachschlagen.
Barbara Plaschka | Petra Linné
978-3-942772-52-5 15,99 €

Köstlich kochen mit Tee.
Einfache und inspirierende Rezepte.
Tanja Bischof | Harry Bischof 4,99 € ~~8,95 €~~
978-3-942772-76-1

nur als eBOOK

Schwer verdaulich.
Wie uns die Ernährungsindustrie mästet und krank macht.
Pierre Weill
epub: 978-3-95814-060-8
pdf: 978-3-95814-061-5 8,99 €

Das Kohlenhydratkartell.
Über die Diätkatastrophe, die finsteren Machenschaften der Zuckerlobby und Wege aus dem Diätendschungel.
Clifford Opoku-Afari
978-3-942772-39-6 12,95 €

NEU

Jod. Schlüssel zur Gesundheit.
Wiederentdeckung eines Heilmittels. Neue Power für Ihre Körperzellen.
Kyra Hoffmann | Sascha Kauffmann
978-3-95814-017-2 14,99 €

Entscheidend ist auf'm Teller!
Das BVB-Prinzip für optimale Fitness und maximale Energie.
Frank Fligge | Jola Jaromin-Bowe
978-3-95814-040-0 19,99 €

Der Paleo-Code.
Das Steinzeit-Programm.
Romy Dollé
978-3-927372-86-3 19,99 €

Paleo-Guide.
Kompaktes Basiswissen, Tabellen und praktische Tipps zum leichten Einstieg in ein Leben im Einklang mit den Genen.
Susanne Bader
978-3-95814-036-3 7,99 €

Früchtewampe.
Warum Obst und Gemüse dick machen!
Romy Dollé
978-3-942772-83-9 19,99 €

Iss einfach gut.
Das Prinzip Nahrungskette – einfach und pragmatisch erklärt vom Koch der Deutschen Fußballnationalmannschaft.

In Hardcover-Luxusausführung mit Moleskine Gummi und Saisonkalender als DIN-A3-Poster
Holger Stromberg 14,99 € ~~18,99 €~~
978-3-942772-50-1

NEU

Die Foodwerkstatt.
Ungesunde Lügen haben lange Zutatenlisten. 30 Supermarktklassiker zum Selbermachen und viele Rezepte mehr.
Sebastian Lege
978-3-95814-041-7 19,99 €

NEU

Low-Carb your life.
Die Lieblingsrezepte aus seiner erfolgreichen Ratgeberreihe. Mit vielen neuen Ideen und Kreationen.
Wolfgang Link
978-3-95814-027-1 19,99 €

Bestellen Sie direkt beim Verlag. Versandkostenfreie Lieferung.
Alle bereits erschienenen Bücher sind sofort lieferbar.
Das tagesaktuelle Programm sowie alle verbindlichen Preise finden Sie auf www.systemed.de.

Yoga & Achtsamkeit

Das Hatha Yoga Praxisbuch.
Für Einsteiger und Fortgeschrittene.
Marcel Anders-Hoepgen
978-3-95814-035-6 **29,99 €**

Sampoorna Hatha Yoga Stunde. (DVD)
Stufe 1
Marcel Anders-Hoepgen
978-3-927372-64-1 **17,95 €**

Sampoorna Hatha Yoga Stunde. (CD)
Stufe 1
Marcel Anders-Hoepgen **9,79 €**
978-3-927372-65-8 ~~14,95 €~~

Sampoorna Hatha Yoga Stunde. (DVD)
Leichte Mittelstufe
Schwerpunkt: Dehnung der Hüften
Marcel Anders-Hoepgen
978-3-942772-04-4 **17,95 €**

Hatha Yoga Stunde. (DVD)
Leichte Mittelstufe
Schwerpunkt: Kraftaufbau
Marcel Anders-Hoepgen
978-3-927372-81-9 **17,99 €**

Hebammen Yoga.
Übungen zur Geburtsvorbereitung und Rückbildung. ***Inkl. Mantra-Audio-CD.***
Marcel Anders-Hoepgen **5,99 €**
978-3-927372-99-3 ~~19,99 €~~

Hebammen Yoga. (Doppel-DVD)
Übungen zur Geburtsvorbereitung und Rückbildung.
Marcel Anders-Hoepgen
978-3-942772-03-7 **16,95 €**

Nada-Yoga-Musik-Reihe.
Marcel Anders-Hoepgen

Eternal OM (CD)
978-3-942772-16-7 **9,99 €**
Shanti (CD)
978-3-942772-29-7 **9,99 €**
Runterkommen (CD)
978-3-942772-17-4 **9,99 €**
Gelassenheit (CD)
978-3-942772-15-0 **9,99 €**

Marcel Anders-Hoepgen
Besser schlafen. (CD)
Entspannung für die Nacht.
978-3-942772-25-9 **9,99 €**
Gut schlafen. (CD)
Entspannung für die Nacht.
978-3-927372-62-7 **9,95 €**
Kraft tanken. (CD)
Entspannung für den Tag.
978-3-927372-61-0 **7,99 €**

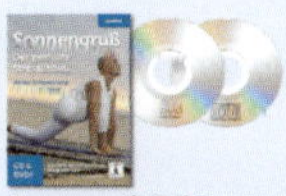

Sonnengruß, Teil 2. (DVD + CD)
Der perfekte Stressabbau.
Marcel Anders-Hoepgen **9,99 €**
978-3-927372-97-9 ~~16,95 €~~

Sonderedition

Der Sonnengruß. (Doppel-DVD)
Work-Out für den Morgen voller Energie und Kraft. Entspannung für den Abend und guten Schlaf.
Marcel Anders-Hoepgen
978-3-95814-067-7 **17,99 €**

Die Yogi-Methode.
30-Tage-Challenge zur achtsamen Ernährung.
Vegan – ayurvedisch – yogisch.
Marcel Anders-Hoepgen
978-3-942772-69-3 **19,99 €**

Yoga: Jeden Tag neu!
Über 100.000 mögliche Kombinationen für Übungseinheiten à 5 bis 10 Minuten.
Marcel Anders-Hoepgen **13,99 €**
978-3-927372-69-6 ~~28,00 €~~

Marcel Anders-Hoepgen
Bauchmuskulatur stärken (CD)
978-3-927372-75-7 **8,95 €**
Gleichgewicht (CD)
978-3-927372-72-6 **8,95 €**
Oberen Rücken stärken (CD)
978-3-927372-73-3 **8,95 €**
Unteren Rücken stärken (CD)
978-3-927372-74-0 **8,95 €**

Anti-Stress-Yoga.
Kartenbox mit 18 Rezepten und 56 Asanas.
Petra Orzech
978-3-942772-85-3 **14,99 €**

Der Glücksvertrag
Das 21-Tage-Programm. Ein glückliches Leben in Balance dank einer Formel aus Psychologie und fernöstlicher Heilkunst. ***Inklusive DVD.***
A. Mehta | G. Brüggemann **5,99 €**
978-3-942772-14-3 ~~19,99 €~~

Rücken for fit.
Das 30-Tage-Programm für einen schmerzfreien Rücken in nur fünf Minuten pro Tag. ***Inklusive Übungs-DVD.***
Marcel Anders-Hoepgen **14,99 €**
978-3-942772-53-2 ~~19,99 €~~

Yoga X-Large.
Auch Dicke können Yoga machen! Yoga- und Bewusstheitsübungen für Menschen mit Plus-Size-Körpern.
Birgit Feliz Carrasco
978-3-942772-77-8 **17,99 €**

Schlank durch Achtsamkeit.
Durch inneres Gleichgewicht zum Idealgewicht.
Ronald Pierre Schweppe
978-3-942772-90-7 **14,99 €**

Achtsam abnehmen.
33 Methoden für jeden Tag.
Ronald Pierre Schweppe
978-3-942772-99-0 **12,99 €**

Warum Stress dick macht
... und warum wir entspannt schneller abnehmen.
Ronald Pierre Schweppe **9,75 €**
978-3-942772-51-8 ~~12,99 €~~

Der Burnout-Irrtum
Ausgebrannt durch Vitalstoffmangel – Burnout fängt in der Körperzelle an! Das Präventionsprogramm mit Praxistipps und Fallbeispielen.
Uschi Eichinger | Kyra Hoffmann
978-3-95814-042-4 **19,99 €**

Die Anti-Stress-Ernährung.
Die LOGI-Methode zur Stressbewältigung. Mehr Power für die Körperzellen.
Uschi Eichinger | Kyra Hoffmann
978-3-95814-032-5 **19,99 €**

Glückliche Kinder.
Erziehung in Liebe und Achtsamkeit.
Aus der Reihe »mitGefühl«
Ronald Pierre Schweppe
978-3-95814-000-4 **7,99 €**

Starke Partner.
Beziehung in Liebe und Achtsamkeit.
Aus der Reihe »mitGefühl«
Aljoscha Long
978-3-95814-001-1 **7,99 €**

Dauerhaft schlank.
Ernährung mit Liebe und Achtsamkeit.
Aus der Reihe »mitGefühl«
Dr. Julia Bollwein
978-3-95814-002-8 **7,99 €**

Selbstheilung.
Gesundheit durch Liebe und Achtsamkeit.
Aus der Reihe »mitGefühl«
Fei Long
978-3-95814-003-5 **7,99 €**

systemed Verlag
Kastanienstraße 10
D-44534 Lünen
Telefon 02306 63934
Telefax 02306 61460
www.systemed.de
faltin@systemed.de

systemed verlag

Impressum

Redaktion: systemed Verlag, Lünen
systemed GmbH, Kastanienstr. 10, 44534 Lünen
Lektorat: Susanne Bader, Garmisch-Partenkirchen

Fotografie: Studio Reiner Schmitz, München
Foodstyling: Marcel Sumpf, München
Stockfotografie: www.fotolia.de

Gestaltung und Satz: A flock of sheep, Lübeck
Druck: Hitzegrad Print Medien und Service GmbH, Dortmund

ISBN: 978-3-95814-047-9
1. Auflage

Hinweis: Alle Informationen und Hinweise, die in diesem Buch enthalten sind, wurden von dem Autor nach bestem Wissen erarbeitet und von ihm und dem Verlag mit größtmöglicher Sorgfalt überprüft. Unter Berücksichtigung des Produkthaftungsrechts müssen wir allerdings darauf hinweisen, dass inhaltliche Fehler und Auslassungen nicht völlig auszuschließen sind. Für etwaige fehlerhafte Angaben können die Autoren, Verlag und Verlagsmitarbeiter keinerlei Verpflichtung und Haftung übernehmen. Korrekturhinweise sind jederzeit willkommen und werden gerne berücksichtigt.

systemed verlag

LOGI® DAS ORIGINAL BEI SYSTEMED

Inhalt

Wolfgang Link

Low-Carb-Nudelküche

30 köstliche echte Pastarezepte mit wenig Kohlenhydraten